★ 沃顿商学院经典系列 ★

创新定价

世界知名企业的最大化盈利法则

[美] 贾格莫汉·雷朱 著
　　　Jagmohan Raju
　　　张忠
　　　Z. John Zhang

赵珊 译

人民邮电出版社
北京

图书在版编目（CIP）数据

创新定价：世界知名企业的最大化盈利法则 /（美）贾格莫汉·雷朱（Jagmohan Raju），（美）张忠（Z. John Zhang）著；赵珊译. -- 北京：人民邮电出版社，2022.1（2023.9重印）
（沃顿商学院经典系列）
ISBN 978-7-115-55880-0

Ⅰ. ①创… Ⅱ. ①贾… ②张… ③赵… Ⅲ. ①企业利润—企业管理—研究—世界 Ⅳ. ①F279.1

中国版本图书馆CIP数据核字(2021)第031945号

版权声明

Authorized translation from the English language edition, entitled SMART PRICING: HOW GOOGLE, PRICELINE, AND LEADING BUSINESSES USE PRICING INNOVATION FOR PROFITABILITY, 1st Edition by RAJU, JAGMOHAN; ZHANG, Z., published by Pearson Education, Inc, Copyright © 2010 by Pearson Education, Inc.

All rights reserved. No part of this book may be reproduced or transmitted in any form or by any means, electronic or mechanical, including photocopying, recording or by any information storage retrieval system, without permission from Pearson Education, Inc.

CHINESE SIMPLIFIED language edition published by POSTS AND TELECOM PRESS CO., LTD., Copyright ©2022.

本书中文简体字版由 Pearson Education（培生教育出版集团）授权人民邮电出版社有限公司在中华人民共和国境内（不包括香港、澳门特别行政区及台湾地区）独家出版发行。未经出版者许可，不得以任何方式抄袭、复制或节录本书中的任何部分。

本书封底贴有 Pearson Education（培生教育出版集团）激光防伪标签。无标签者不得销售。

内容提要

一些企业通常会选择成本加成定价、竞争定价或消费者意向定价等策略，这些方法因简单、易操作从而广受欢迎，然而"偷懒"也会使企业丧失很多增加利润的机会。

来自现代 MBA 发源地沃顿商学院的贾格莫汉·雷朱教授和张忠教授，基于多年来在学术研究、企业咨询、高管授课的积累，总结出了九大创新定价法则，通过自愿付费、"小钱"、价格战等生动的案例故事，将定价的底层逻辑阐述为浅显易懂的决策方法。这些案例既有高新技术企业，又有消费服务等行业，为读者展示了世界知名的超盈利公司如何通过定价促进业务增长、市场转型、利润攀升。

无论你是企业家、管理者，还是参与定价的市场营销人员、产品经理，这本书的独特视角都将对你有所启发。

◆ 著　　[美] 贾格莫汉·雷朱（Jagmohan Raju）
　　　　[美] 张忠（Z. John Zhang）
　译　　赵珊
　责任编辑　马霞
　责任印制　彭志环

◆ 人民邮电出版社出版发行　北京市丰台区成寿寺路 11 号
　邮编　100164　电子邮件　315@ptpress.com.cn
　网址　https://www.ptpress.com.cn
　固安县铭成印刷有限公司印刷

◆ 开本：720×960　1/16
　印张：14.5　　　　　　　2022 年 1 月第 1 版
　字数：193 千字　　　　　2023 年 9 月河北第 3 次印刷
　著作权合同登记号　图字：01-2019-3959 号

定价：89.80 元
读者服务热线：(010)81055296　印装质量热线：(010)81055316
反盗版热线：(010)81055315
广告经营许可证：京东市监广登字 20170147 号

本书献给我们各自的家人。
感谢我们在写这本书时他们所做出的贡献。

关于作者

贾格莫汉·雷朱（Jagmohan S. Raju）是沃顿商学院的教授、市场营销学院的主席，还是沃顿—印度商学院合作关系的执行董事。在成为学者之前，雷朱教授曾在塔塔集团和飞利浦印度有限公司工作。

雷朱教授拥有斯坦福大学硕士及博士学位、印度管理研究所（Indian Institutes of Management，IIM）亚美达巴德分校的工商管理硕士（Master of Business Administration，MBA）学位，以及印度理工学院（Indian Institutes of Technology，IIT）德里分校(也称德里印度理工学院)的学士学位。他在印度管理研究所亚美达巴德分校学习的两年中，均取得优异的学习成绩，在印度理工学院获得优秀奖学金，在纳巴旁遮普公立学校（Nabha Punjab Public School）得到校长的金牌表扬。

雷朱教授曾是《管理科学》市场营销领域的编辑，也是 INFORMS 营销科学学会的前任主席。他的主要研究领域包括竞争性营销策略、定价、零售、促销、销售人员报酬、企业形象广告和战略联盟。迄今为止，他已指导了 12 篇博士论文。他负责协调沃顿商学院营销系的博士课程，并且在沃顿商学院的人事委员会和全球化委员会任职。

雷朱教授的研究论文曾获得两次约翰·利特尔（John D.C.Little）最佳论文

奖、两次弗兰克·巴斯（Frank Bass）论文奖以及其他几项殊荣。他曾获得多个教学奖，其中包括乔治·罗宾斯（George Robbins）教学奖和加州大学洛杉矶分校的年度营销老师、沃顿商学院高管MBA教学奖、沃顿·米勒—谢拉德（Wharton Miller-Sherrard）核心教学奖和印度商学院教学奖。雷朱教授在沃顿商学院教授核心的营销课程和定价选修课。

雷朱教授与前银行家妻子因杜（Indu）住在新泽西州的樱桃山（Cherry Hill）。尽管他不再能从事激烈的运动，却仍然是板球、羽毛球和曲棍球的忠实爱好者，并且他的3个孩子和他所在部门的同事还帮助他学习欣赏篮球和棒球。

张忠（Z. John Zhang）是宾夕法尼亚大学沃顿商学院的市场营销学教授。他拥有华中科技大学学士学位，在宾夕法尼亚大学获得科技史和科技社会学博士学位，并获得密歇根大学经济学博士学位。

在2002年加入沃顿商学院之前，张忠教授在圣路易斯华盛顿大学奥林商学院任教3年，主要从事定价的研究和教学。此后，在哥伦比亚大学商学院任教5年。在近30年的教学生涯中，张忠教授专攻定价，为上万名来自世界各地的本科生、商业硕士生、EMBA学员、博士生讲授定价的理论与实践。在沃顿商学院EMBA的定价教学中，他还获得了2003年EMBA选修课教学奖。在中国，张忠教授曾受邀为中欧商学院、长江商学院、上海高级金融学院等学院的5000多名中国高管讲授定价课程。这些高管来自各行各业，天南地北。

张忠教授的研究主要集中在竞争性定价策略、定价结构设计和渠道管理上。他在国际顶级营销和管理期刊上发表了50多篇有关各种定价问题的文章，例如衡量消费者保留价格、低价保证、优惠券、折扣、目标定价、服务定价、价格促销工具的选择、渠道定价、价格战以及对抗性广告的定价影响。近年来，他还对奢侈品定价及冒牌货现象有着浓厚的兴趣,也发表了许多有关中国定价和零售问题的中文文章。他与合著者一起获得了2001年约翰·利特尔最佳论文奖和2001年弗兰克·巴斯最佳论文奖,这些奖表彰了他对目标定价所做的贡献。他治学的最大特点是理论联系实际,精工细作,从大量的咨询实践中吸取研究的课题。

张忠与妻子庄岚(Lynne)居住在宾夕法尼亚州的劳尔梅里恩(Lower Merion)。他们的3个孩子张瑞文(Rae)、张虎(Neil)和张天赐(Peter)分别在工作、创业、上大学。张忠教授喜欢滑雪、散步,冥想定价难题。

序

因为在清华大学经济管理学院任教的原因,各家出版社经常会寄商业类样书给我,并邀请我为新书写序。然而,因为时间关系,我很少为书写序,写的话通常也只写几句推荐语。这一次,我却欣然应邀为《创新定价:世界知名企业的最大化盈利法则》《持续增长:企业极速扩张策略与成功经营法则》《超常规思维:如何做出更明智的决策》《习惯:捕捉95%的惯性思维,让用户对你的产品上瘾》这一沃顿商学院经典系列丛书写序,原因只有一个:我打心里希望,这套来自沃顿商学院的优秀课程和作品能够惠泽更多中国人,特别是中国的企业家、创业者和职场人。

沃顿商学院无疑是全球最著名的商学院之一。沃顿商学院是美国第一所大学商学院,创立于1881年,比哈佛商学院还早27年。自1881年创建之后,沃顿商学院创造了许多商学院历史上的第一:1881 – 1910年,沃顿商学院出版了第一本商业教科书;1921年,沃顿商学院设立了全球第一个MBA学位……甚至,由于沃顿商学院名声太大,很多中国人只知道沃顿商学院而不太熟悉其所在的大学——宾夕法尼亚大学(美国常春藤八大名校之一)。

因此,当接到人民邮电出版社为这套丛书写序的邀请时,我毫不犹豫地答应了。因为,今天的中国太需要沃顿商学院的优秀课程和著作了。更不用说,我和沃顿商学院有很多的合作，心里对沃顿商学院也有诸多感恩：2000年，我去哥伦比亚大学商学院市场营销系攻读博士，当时就受到了哥大营销系唯一华人教授张忠老师的诸多关照，后来张忠教授离开哥大商学院并去沃顿商学院任教；2013年，我的畅销书《理性的非理性》出版时获得了时任沃顿商学院院长的汤姆斯·罗伯森（Thomas S. Robertson）教授、时任美国营销协会（AMA）主席的沃顿商学院讲席教授大卫·瑞伯斯坦（David J. Reibstein）的大力推荐；最近几年，我也多次应沃顿商学院教授、宾大沃顿中国中心主任张忠老师的邀请，在他的课堂上和宾大沃顿中国中心发表演讲……

优秀的教育和书籍对每个人的成长至关重要。我自己就是一个"教育改变命运"的受益者。出生于福建农村的我，10岁之前由于在乡下小学读书，连普通话都不会说。后来，因为母亲的工作被从乡镇调到县城图书馆，我才能转学到城里读书，并开始有机会大量阅读各种图书。也正因此，我才从一个玩泥巴的小孩，慢慢变成一个爱学习爱读书的孩子，并在后来如愿考入全县最好的中学，考入清华大学和哥伦比亚大学。正因为有了这番经历，回到清华任教之后，我一直致力于传播优秀的商业智慧，希望能够用所学帮助到更多的人，每年都在清华为上千名企业家和企业高管授题。

然而，传统的顶级商学院教育，由于学费高昂，门槛极高，只能惠及少数人，大多数人仍然缺乏获得优质教育的机会。正是在这种背景下，在"教育改变命运，我们改变教育"的理想下，2015年，我讲授了一门线上慕课"营销：人人都需要的一门课"，让人意外的是，这门课获得了超过1000万人次收听的惊喜成绩，最后还获得了由教育部颁发的"国家精品在线开放课程""国家级一流本科课程"等荣誉。最近，我也开始在微信视频号以及抖音等短视频平台进一步传播市场营销等商业知识，受到许多中小企业家和职场人士的欢迎。

当代中国，创业大潮正如火如荼展开，社会对商业知识和智慧的需求也正在急剧扩大。今天，即将出版的《创新定价》《持续增长》《超常规思维》《习惯》这一沃顿商学院经典系列丛书无疑是商业知识和智慧中的明珠。这些书都源于沃顿商学院教授的研究和最受学生欢迎的一些课程，书的作者也都是沃顿商学院的资深教授或业界专家。我相信，这套丛书不仅会带给中国读者优秀的商业知识和智慧，更会将看起来遥不可及的顶级商学院教育带给成千上万的读者。而这，也正是人民邮电出版社和我本人一直努力的共同目标。

郑毓煌　博士

清华大学营销学博导

世界营销名人堂首位中国区评委

2021 年 10 月 18 日于清华园

前言

价格体系的形成，取决于每一个参与竞争的企业，优化它们的价格；每一个消费者，货比三家，择优择价消费。古希腊科学家阿基米德在描述杠杆无限力量时曾宣称，"给我一个支点，我就能撬起整个地球。"作为一个毕生致力于价格研究教学的学者，我也可以说，给我对现有价格调控的权力，我就能撬动这个地球上的所有人！

当然，一个成功的企业并不需要撬动地球上的所有人，它只需要撬动足够多的人。但如何去撬动，尤其是在竞争激烈的环境中，的确不是件容易的事。要想把价格这个杠杆用好，用得得心应手，就必须学习一些价格原理及成功的实践，知其然，更知其所以然。在今天，企业竞争加剧，价格这个杠杆的有效应用，对企业盈利与生存都是重中之重，时不我待。作为消费者，了解价格的奥秘及企业通过价格影响消费行为的各种操作，也不失为理性消费、优化消费的前提。总之，很难想象在当今市场化程度充分高的社会里，一个成功人士可以对价格的杠杆作用与影响力茫然不知、视而不见。

《创新定价》一书的出版可以满足中国各行各业读者对价格知识了解的需求。这本书的英文原著是在2010年出版的，随后很快被翻译成中文、日文、韩文、西班牙文及葡萄牙文。一直以来，企业管理人员及创业者好评如潮。这次人民邮电出版社重新翻译了这本书，再次验证了这本书的生命力。在校正这本书的时候，我深深感受到，这本根植于长期研究，既有理论，又联系实践的书，今天仍然有着很高的影响力及很强的指导意义。实践证明，这本书有别于其他管理类书籍，其生命力及影响力来自于它内容的科学性及对实践的真知灼见，而不是应景应时的夸夸其谈。所以，我非常感谢人民邮电出版社，独具慧眼，让好书共赏，再次为读者服务。

最值得感谢的当然是我在中国过去 20 多年教过的企业家、干部、学生等学员。他们来自中欧商学院、长江商学院、上海高级金融学院及沃顿商学院。他们的好奇心及虚心好学，是我从事定价研究的动力之一。他们的实战经验，他们的困惑及问题，他们对市场的洞察，为这本书增添了许多精彩的内容。我相信，他们中的许多人都会在这本书里找到自己的身影。

张忠

二零二一年冬于费城

引子：无形之手的手印

经过漫长的辛苦播种、灌溉和打理农作物的劳动季节之后，农民不会说："收割的时候到了，放松一下吧。"反而，农民会更早起晚睡，以保证能收割完所有农作物。然而，由世界上受过最好教育的人经营着的一些先进企业却忽视了农民几千年来凭直觉认知的东西。经营者们努力思考、发展和寻找产品市场，但是却很少关注决定企业所有辛勤工作收益的一步：设定价格。

尽管价格是企业盈利的关键，但我们发现负责定价的经理通常不会系统地思考定价策略。大多数定价决策者从不寻求能够捕获产品最大价值的策略。一项研究表明，只有极少数的公司有"定价策略和定价的研究支持"。在定价方面，有人估计，只有大约8%的美国企业可以被称为"老练的玩家"。[1]

奇怪的是，似乎没有人对此感到困扰。和我们聊到定价的许多经理说："我们不设定价格，市场设定价格！"作为经济学家，我们不确定这一说法意味着什么。"那么，谁是市场？"我们追问。

在我们看来，这是一个合理的问题。价格设定是一个有形的过程并具备有形的结果——也就是一个金钱数字。达到这个数字的过程可能并不是条理性的，但它也不能如此神秘以致不受任何人为干预，某地某人必须对产品或服务的价格做出具体的数字决策。然而，当我们问这个问题时，经理们常常露出困惑或愤慨的表情，表现得好像这个问题本身就是肤浅或无礼的。经理们把设定一个产品或一项服务的价格说得像是一个自动的过程，无人可控。有时候，我们会得到一个更深刻的回答，即"无形之手"决定了价格，这是对18世纪伟大的苏格兰经济学家和哲学家亚当•斯密（Adam Smith）著名的宏观经济观察在微观经济环境上的错误使用。

考虑到有许多企业活动需要有意识的思考，将价格设定比作时间或潮流好像能让人心里好受一些，但这是不对的。如果你仔细观察，就会发现设定价格的那双手总是可见的。它们可能不太灵活，但是可以在4种最常见的定价方法中清楚地显示出来。在我们多年来遇到的企业中，最不成熟的价格设定就和选择彩票号码差不多：选择想到的数字，然后祈祷最好的结果。更成熟的公司也不一定总是做得更好。它们通常采用简单的临时定价方法，例如成本加成定价、基于竞争的定价或基于消费者的定价。这些方法中的每一种都需要人为干预，只是过于简单而已。

成本加成定价

绝大多数公司使用的是成本加成定价的方法，这种做法似乎很流行。要使用成本加成定价，公司首先需要确定其销售目标，然后根据销售目标计算出平均成本。产品的价格是通过平均成本加上加价来确定的。例如，如果苹果公司手机的销量为200万部，则该产量水平下的平均成本可能为每部500美元（1美元约为6.7元人民币）。假设该公司的正常加价幅度为80%，那么每部手机的售价将为900美元。加价幅度是由公司的目标——内部投资回报率或一些定义模糊的"行业惯例"决定的。

成本加成定价的优势表现为3个方面。首先，它很简单。经理只需查看自己公司的总分类账即可确定产品价格，稍微熟悉算术就足以确定出一个产品或服务的价格。其次，这是公平的，起码看起来如此。最后，许多从业人员会告诉您，成本加成定价在财务上是谨慎的，因为它可以确保销售是获利的。这种谨慎的保证是一种避开做出定价决策的巨大压力的方法。有时这种压力可能会让人感到筋疲力尽，因为定价决策与公司中的许多其他决策不同，定价决策的效果通常是即时而显眼的。

但是，这3个方面均不足以构成采用传统的成本加成定价法的理由。首先，为什么简单更好？一个简单的反例表明简单并非更好。当消费者购买漂亮的丝巾时，他们是否知道或在乎制作丝巾的成本？很可能不会。实际上，甚至制造商自己都可能根本不知道产品的成本。在这种情况下，丝绸制造商如何根据成本来确定价格？

我们认识的一家中国丝绸品牌尝试了这种简单的方法。该公司为丝巾定了200~300元的低价。生产成本低，所以即使200元的定价也能获得可观的利润，同时，这种低价也极具竞争力。一家法国公司在中国出售类似丝巾的价格为2 000~3 000元，您可能猜到了，这是同一制造商制造的丝巾。从表面上看，鉴于巨大的价格优势，这家中国公司似乎应该在市场上更具竞争力。然而，尽管产品相同，但是价格要高出10倍的法国公司的市场竞争力还是远远超过了中国的公司。

差异如此之大，仅凭品牌无法解释结果。这让企业战略家们感到困惑。后来，高管们意识到低价本身可能就是问题所在。制造商的大多数客户购买的不是个人使用的丝巾，而是送给朋友、妻子或客户的精美礼物。潜在的客户看了看200~300元人民币的价格标签，认为这种价位的丝巾根本不足以当他们心目中的那种上门礼物。送礼是有价位的，上不了某个价位，客户就不会买它作礼物，在流失了很多客户后，制造商学会了在成本之外，根据对客户和市场的进一步了解来制定价格。

成本加成定价被吹捧的第二个优势是其所谓的公平性。但是我们认为这往往也不正确。例如，如果对公共事业公司进行监管，使其只能根据平均成本加上公平的投资收益来收取费率，许多经济研究表明，公共事业公司几乎没有任何动力将成本降至最低，从长远来看，费率必会上涨，而这毫无必要。出于同样的原因，如果其他类型的公司始终以这种方式将成本转嫁到消费者身上，它们会失去将成本降到最低的动力。最后，如果服务客户的成本相同，那么所有客户的收入和产品需求不同时，向所有客户收取相同的价格是否公平？可能答案会根据个人理念和经济情况而有所不同，但稍微想一下就知道，在许多情况下，"公平"的成本加成定价会导致不公平的结果。

以制药行业为例。如果开发和生产的药物便宜，是否应该总是卖得便宜？在某些便宜的原料上加价10%，是否真的可以为这种能减少医生就诊次数、病人的住院时间和员工缺勤的知识产权带来公平的回报？奖励创新者，对社会来说也许更公平。从长远来看，允许以更高的价格作为鼓励其他人尝试解决类似问题的红利甚至对社会更有利。

有趣的是，消费者对成本加成定价的公平性有着令人惊讶的细微差别。假设成本加成定价是确定价格的一种公平方法，那么公司的单位成本降低10美元，则绝对公平的做法是将产品的价格也降低10美元，再加上成本加成。但是，研究表明，即使人们知道成本变化的确切幅度，人们对价格变化适用的公平标准对公司的影响也远大于成本加成规则对公司的影响。在一项调查中，一半的受访者同意以下说法："公平不代表企业要转移其节省的任何部分。"[2] 但是，在同一项调查中，受访者还认为，如果节省的成本是投入成本减少而不是效率提高的结果，则应该将更多的节省成本转移给消费者：如果航空燃油价格下跌，那消费者想要打折的机票，但是如果航空公司制造了一架更好的飞机，则航空公司可以保持差价。通过应用此固定的成本加成规则，即便消费者不介意，公司还是错失了从效率提高中获得任何收益的机会。

成本加成定价也不意味着每次销售都能自动获利。成本通常是销售目标计算公式的一部分，如果销售量未达到目标，则实际成本可能会高于预期。在这种情况下，使用成本加成定价设置的价格可能会太低。这种情况是可能发生的，因为负责销售的人员通常会做出销售预测，而且他们对设定较低的价格促进销售，使销售工作变得更容易具有天然的兴趣。就算达到或超出销售目标，我们也无法知道初始价格是不是一个很好的价格，或是不是一个公司能提高自身经济利益的价格。无论实际销售额如何，成本加成定价都不能确保财务无风险。

最后，就像丝巾的例子所说明的那样，成本加成定价最大的问题在于，这是一种内向型方法，往往会使公司忽略了以客户为重和详细研究市场的重要性。当一家公司基于成本加成定价规则形成了根深蒂固的价格设定文化时，会鼓励临时定价决策，从而忽略了许多改善价格的机会。成本加成定价有时确实会导致公司一直设定不良的价格。当销售旺盛时，公司会随着平均成本的下降而降低价格；当销售疲软时，公司将提高价格以"弥补"其较高的平均成本。

基于竞争的定价

基于竞争的定价是第二受欢迎的定价方法。经理们有时将此方法称为战略定价,尽管并没有特别的战略。公司采用这种方法时,只需检查竞争产品的价格,然后将自身产品的价格设定在差不多的水平,上下浮动几个百分点即可。同样,这种方法具有简单的优点:这是一种无须进行任何透彻的市场研究即可轻松做出定价决策的简便方法。这似乎也是相对安全的:通过将价格设定为接近竞争对手的价格并进行调整,公司就不用承担过多被竞争对手侵蚀市场份额的风险。

但是,仅根据基于竞争的定价确定自己产品的价格会导致两个问题,这两个问题都可能使公司付出高昂的代价。

最严重的风险是基于竞争的定价会使价格制定者陷入被动。管理者可能会被这种定价方法所吸引,以致他们疏忽了自己的定价职责所在。对他们而言,定价只不过是监视竞争对手的价格,并根据竞争对手的价格对自身价格进行一些及时的调整。也许这就是经理们说的"无形之手"设定价格的意思。这似乎是一种低风险的定价策略,但不幸的是,有时竞争者也以相同的方式设定其价格。当发生这种方法重叠时,不仅公司产品的价格,整个行业产品的价格都很容易与当前需求不同步。

在其他时候,价格匹配会导致恶性的竞争。人人都知道,设置低价是获得市场份额最简单、最快的方法。但这个方法的麻烦在于,很少有不想获得更大市场份额的企业,在任何行业中,如果将每个企业的所有市场份额目标相加,总和很可能远远超过100%。显然,总会有企业牺牲的。如果一个行业中的所有企业都对实现其市场份额目标过于狂热,那么价格很容易陷入一个螺旋式下降的状态,这不仅会伤害到企业,还会伤害到整个行业。20世纪90年代中期和后期,两家航空巨头——波音(Boeing)公司和空中客车(Airbus)公司之间的市场份额竞争就是体现这种风险的活生生的例子。当时,空客不断增长市场份额,并超过了自认的"生存门槛"(占全球新商用飞机订单的30%)。波音决定要反击，它将"击败空客并保持在商用客机行业中绝对领先的地位"作为目标，[3]并毫不畏惧地捍卫其60%的市场份额。波音和空客开始激烈竞争，"使每一次竞标都成为战场"。为了获取订单，每家都把标价削减了至少20%。例如，据报道，为竞标1995年ValueJet 50架100人客机的订单，波音将737型飞机的价格从3 500万美元下调至1 900万美元，这远低于成本价2 200万美元。[4]

结果可想而知：哀鸿遍野。波音虽然暂时在新飞机订单的争夺战中获胜，但为胜利付出了巨大的代价。波音在1997年遭受了50年来首次年度亏损，到了1998年，该公司为此策略被迫缴纳了超过30亿美元的税前费用。1996~1998年，波音商用客机的利润率从10%降至不足1%，这比街角杂货店的利润率还要低。

我们没有说企业永远不应该在价格上竞争以获取市场份额。正如我们在第3章所展示的那样，价格战是一种合法的策略。但是，我们建议，并在本书中始终主张，企业应该学习如何像开展其他各种业务一样，在价格上聪明地竞争。亚当·斯密的"无形之手"只有在市场中的经济主体受自身利益驱动，追求自己的最大经济利益时才起作用。波音公司以比街角杂货店更低的利润率来制造极其复杂的大型航空飞机，这显然没有太大益处。

基于客户的定价

基于消费者的定价是企业定价的第三种常用方法。在这种情况下，企业首先评估客户，确定每个客户愿意为其产品或服务支付的费用，然后按每个客户愿意承担的价格定价。汽车经销商经常采用这种定价方法，[5]经销商通常会在汽车上标出高价，这仅是想要为客户确定汽车价值的标价。然后，销售员将潜在的买家带出去试驾。在此过程中，销售员收集客户的工作、兴趣爱好、家庭情况等信息，以助于估算客户对汽车的重视程度以及对价格的敏感程度。当销售员感觉价格不是主要问题，或客户不是熟练地讨价还价者时，他们通常会列举出各种无法大幅度降低价格的原因。反之，如果销售员觉得价格有碍于成交，他们将提供一个更好的折扣——但只有在关闭的门和落下窗帘的窗户后面，获得神秘老板的"勉强"批准之后才可进行。

基于客户的定价让企业可以灵活地对不同的客户设置不同的价格，上调或下调价格以匹配客户钱包的大小。从理论上讲，使用这种定价方法，企业能以最大的利润实现高销量。然而，这种定价方法的一个明显问题是，它不可避免地疏远了那些最终比成功讨价还价者付出更多代价的客户。因此，这种定价方法也被称为歧视性定价。

在企业对企业（Business to Business，B2B）的市场中，歧视性定价也很容易疏远公司的最佳客户，从而带来长期的不利影响。最糟糕的是，歧视性定价会渐渐地把客户训练成为强硬的讨价还价者。在工业市场上，比起绝对的高价，专业的买家更担心相对的高价。绝对的高价是行业的问题，但相对的高价对买方而言是个人问题。没有人想被人认为自己是个傻瓜。对于专业的买家来说，多付钱所损害的不仅是自尊，还有职业生涯。如果他被认定为能力不如别人，他可能会遭受职业上的不顺。因此，如果买方怀疑有价格歧视，他将尽一切可能利用卖方定价的灵活性来确保支付最低价格。

最终，这种策略会把优良客户训练成糟糕客户。如果买方知道支付的价格取决于他被感知的支付意愿，那么他当然没有任何动力去思考卖方的产品质量和服务价值，他也无法对卖方的价值主张表现出任何兴趣。潜在的买家为了掩饰自己还会试图隐瞒对卖家有用的信息，甚至可能会费劲地演戏，暗示卖方的产品和服务没有其他公司的好（甚至更差）。这暗示着，如果卖方的价格没有竞争力，买方会干脆放弃。通常，这种隐瞒剥夺了卖方的知情权，但无论现在还是将来，这些信息其实都有助于卖方更好地为买方提供服务。

这种行为也会鼓励比较购物。为了拿到血本价，即使不打算更换供应商，买方也将通过竞争性报价在销售谈判中占上风，拿到有竞争力的投标能给买方带来决定性的优势。如果卖方与其他供应商讨论定价问题，则会有违反法律的风险，但是买方则可以毫无顾忌地索取竞争价格。然后，买方可以将报价作为杠杆，从卖方那里获得让步。知道卖方的销售人员有一定的价格自由裁量权后，买方会尝试各种手段，包括"打一棍棒子给一颗糖"，直到卖方毫无保留。

买方稍微修饰一下报价以获得更大优惠的做法并不少见。有时，这些报价甚至不需要明确。一位美林证券（Merrill Lynch）的前首席信息官（Chief Information Officer，CIO）以拥有"价值100万美元的咖啡杯"而闻名："当国际商业机器公司（International Business Machines Corporation，IBM）的销售员来访时，CIO会将IBM竞争对手的咖啡杯放在办公桌上。由于担心美林证券可能把庞大的业务转给竞争对手，该销售员立刻就将每部大型机的价格降低100万美元。"[6]

这种激进的谈判方式导致买卖双方都将精力过多地集中在交易上，而不是在建立关系上，创造力都转移到了赢多少钱的方法设计上，而不是在如何建立长期的双赢伙伴关系上。面对这样的买方，卖方的选择是有限的，尤其是在买方市场里。你可以拒绝让步于买方的价格需求，并尝试根据自己的价值主张进行销售。但在这种情况下，你可能会失去大客户。或者一段时间后，你妥协了，迅速降低价格，然后达成交易。对于大多数赚取提成的销售员（如面对美林证券的噩梦咖啡杯的 IBM 销售员）而言，较低的利润总是比没有交易更具吸引力。

这场比赛双方都不高兴。就算拿到想要的全部折扣，买家也不会开心，仅仅是因为他不确定拿到的是不是最低的价格，所以下一次，他会要求价格再低一点。对于卖方来说，每一笔订单都是对价格诚信的损耗。有时，这种牵强的价格折扣甚至可能演变成竞争对手之间的竞赛。买家的要求越来越多，而销售员则要求具备更多的价格自由裁量权。销售员很有可能拿到折扣空间，因为他们理应有客户和竞争对手的第一手资料。当他们降价的时候，他们将更自由地利用这个理由迫使生产者削减成本。

在这种定价环境中，卖方失去投资客户关系或附加服务的动机，而削减成本成为当务之急。接下来就是格雷沙姆定律（Gresham's Law）服务版本的最佳描述：劣质服务驱逐优良服务。如果没有买家在乎或为客户服务付费，那么就没有卖家愿意花钱提供服务。随着行业中客户服务质量的下降，产品的差异性也在下降，新一轮的降价压力越来越大，产品朝着成为商品的方向又迈进了一步。综上所述，行业进入螺旋式下降阶段，买家付出的钱越来越少，获得的服务也越来越少；卖家得到的钱越来越少，提供的服务也越来越少。在你的下一次长途飞行中，这是一个很好的研究机会——看一下你午餐里的花生和汽水是不是比之前少。

通过简要介绍公司如何定价，我们可以得出两个结论。首先，市场没有设定价格，经理或营销人员才是设定价格的人。我们在市场上观察到的所有价格不是源于自治的、非个人化的市场，不管这些干预是权宜之计还是策略，经理或营销人员制定这些价格的手是完全"可见的"。其次，成本加成定价、基于竞争的定价、基于客户的定价甚至"彩票式"定价不一定是对产品或服务进行定价的最佳方法。在许多情况下，它们不过是经理或营销人员用来应对决策责任的捷径。

不幸的是，对定价策略的无知会带来巨大的后果，企业的生存甚至可能取决于定价策略。如果你是零售商，就必须留心沃尔玛的价格主导策略。就像许多其他企业一样，要么找到一种应对之策，要么被压制。如果你是发达国家的制造商，无论纺织品、钢铁还是消费电子产品，都必须留意低成本制造国家的报价。[7] 如果你是一家金融服务企业，则必须通过线上或线下途径，研究放松管制和折扣经纪业务的新现实。即使你是一家高科技公司，也可能会遇到这样的情况，即不再享有舒适的技术领先地位，必须与低成本制造的公司进行直接或间接的竞争，而且几乎总是在价格上竞争并始终与成本结构良好的企业竞争。

竞争者并不是卖方的唯一风险，买家也不像以前那样好说话。在消费市场中，互联网已经改变了价格信息在市场中传播的方式。购买汽车的消费者不再对价格感到困惑，他可以轻松地在网上找到同一辆汽车在不同经销商处的价格信息。如果他勤奋做功课，甚至可以找到经销商的汽车发票价格以及制造商给汽车的有效优惠券或折扣促销的金额。有了价格信息，客户会为较低的价格行驶数百千米，从而节省数百乃至数千美元的购车费用。在工业市场中，互联网在提高价格透明度和扩大公司向供应商采购的地域范围中扮演着相似的角色。作为买家，当他拥有广泛的价格信息和更多选择时，他会更精于使用信息，并且在做购买决定时更加谨慎。当你在市场中面对那些精明的买家时，总体价格对公司而言就变得尤为重要。

价格变得越来越重要，这是因为在许多行业中很难实现产品的差异化。例如，大多数台式或手提电脑都具备"Intel Inside"（英特尔）标识并可运行微软视窗（Microsoft Windows）操作系统。在目前占美国国内生产总值（Gross

Domestic Product，GDP）2/3 以上的服务行业中，企业无法像制造商为产品设计申请专利那样为服务设计申请专利。产品差异性（无论是实际的还是可感知的）的缺乏以及货比三家难度的降低，不可避免地使价格成为客户购买决策中更为重要的因素。

但是与此同时，技术正在改变成本结构和定价压力，它也为许多公司提供了全新的定价机会。现在，许多行业通常是研发阶段的固定成本较高，而生产阶段的可变成本较低。例如，在软件行业，开发程序的第一个版本需耗费巨大的成本，但是复制软件的成本却很低。对于如音乐、电影和信息等许多其他基于数码技术的行业，以及航空业和酒店业等服务行业，也是如此。

在这类行业中，由于可变成本低且消费者的支付意愿分散，定价可以发挥重要作用。具有这种成本结构的公司能以损害利润率或提高利润率的方式定价。一个无章法的经理可能会以不可持续的低价寻求快速的"高"交易量，而更老练的经理可能会利用这种情况，通过设计创新的定价结构来吸引特定类型的高利客户。无论如何，对企业来说，价格变得越来越重要。

4 个杠杆提高公司盈利能力

经理只能通过拉动 4 个杠杆来提高公司的盈利能力：销量、可变成本、固定成本和价格。当经理增加公司的广告预算以获取更大的市场份额时，他正在拉动销售杠杆。如果他找到了一种更便宜的原材料采购方式，那么他将拉动可变成本杠杆。如果他试图减少公司的管理费用，他将拉动固定成本杠杆。但是不知为何，并非所有这些杠杆都能受到同等的对待。价格杠杆，尤其是被忽略的那个。这很奇怪，因为许多研究结果表明，价格杠杆虽然很少被使用，但却是最有效的提高公司盈利能力的方法。[8] 通过使用相同的研究方法分析沃顿研究数据服务（Wharton Research Data Services，WRDS）提供的公司数据，我们对这些研究结果进行了更新，如图 1 所示。

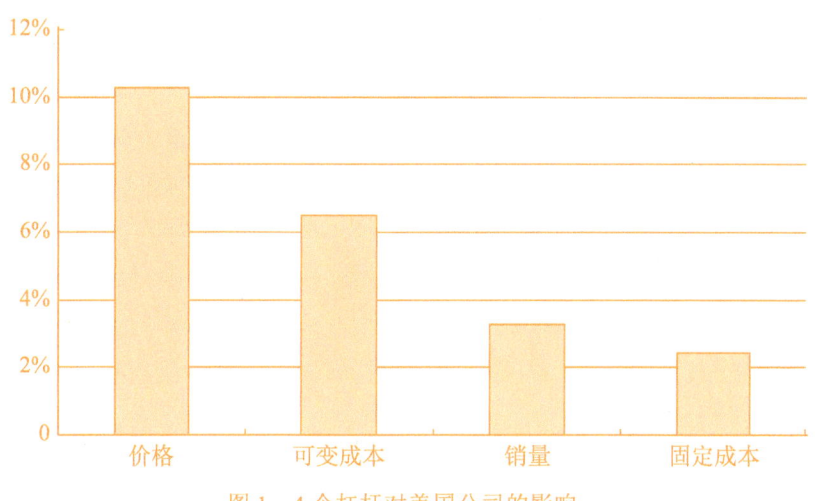

图 1　4 个杠杆对美国公司的影响

我们的分析其实重新证实了先前的研究结果。我们发现，如果一家企业可以在不影响其运营的情况下将其固定成本削减 1%，那么其盈利能力可以平均提高 2.45%。同样，如果一家企业可以在不改变其成本结构或价格的情况下将其销售额提高 1%，那么该公司的盈利能力就可以提高 3.28%。将可变成本降低 1% 的效果更大，盈利能力可以提高 6.52%。但是，将企业的价格提高 1% 的效果最大，盈利能力可以提高 10.29%。值得注意的是，如图 2 所示，这种有效性排名对基于标准行业分类（Standard Industrial Classfication，SIC）中的每个行业都是如此。

悲观主义者可能会从这些数字中得出结论，价格不是一个能轻易拉动的杠杆：如果拉动该杠杆的向上收益很高，那么拉动该杠杆的风险或难度也必须相当大。否则，为什么公司不更频繁地拉动价格杠杆呢？

有些经理的确很快补充说明这不切实际。"将成本降低1%而又不影响其他一切是一回事,而将价格提高1%而又不改变其他一切完全是另一回事。起码有一点,销量会下降!"出于这个原因,悲观主义者可能会将纸面上的两位数的利润增长率视为危险的幻想。拉动其他3个杠杆比起在单一杠杆上的冒险似乎更为谨慎。

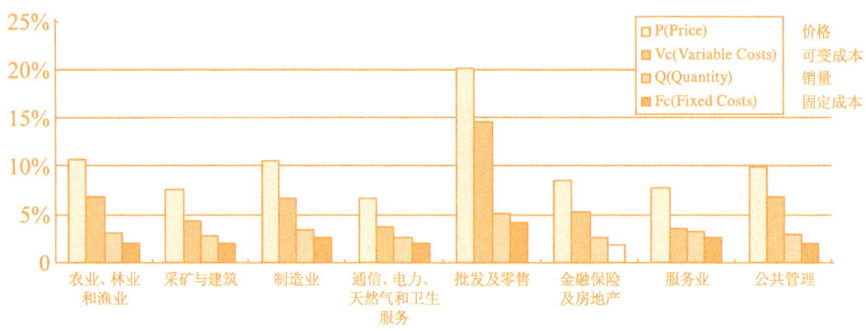

图2 利润杠杆对美国各行业的影响

但是,从这些诱人的数字中,乐观主义者会看到盈利的机会。一个人有多少机会能做到只需更改几个数字就能使公司的利润增长率达到两位数?企业不使用价格杠杆只能代表失去大量机会。在其他3个杠杆的收益多年递减之后,价格杠杆可能就是最好的选择了。

当谈到定价的潜力时,乐观主义者和悲观主义者都是正确的。但是,我们认为乐观主义者占优势。没有任何策略是完全零风险的,但是在多年来我们为MBA学生和高管讲授定价课程并向全球定价经理提供咨询的过程中,我们认为使用价格杠杆利大于弊。

结论

农民在收割时并不容易,企业也不容易。在我们看来,只关注创造价值却不考虑如何获取价值是一种不可行的管理策略。公司越早意识到这一点,就能越早实现大丰收。

我们并不是说拉动价格杠杆是一件容易的事。在考虑拉动价格杠杆之前,你必须先知道自己在做什么。一旦拉动价格杠杆,一切都会改变。利润要么大幅上涨,要么遭受屈辱般的重创。无论是成功还是失败,"手"的效果都明显可见。显然,拉动价格杠杆不是一个适合胆小者或"手抖"的人的游戏,但这并不代表着完全不能去尝试。风险和困难是任何重要企业决策所固有的一部分。企业过去并没有阻止经理做出这些决定——拉动可变成本、固定成本和销售杠杆,它们现在更不应该阻止经理承担起拉动价格杠杆的责任。

但是,定价对于大多数管理人员而言是陌生的课题。甚至到最近,除了作为微观经济学的单元和营销的组成部分外,定价几乎都没有单独授课。在很长的时间内,各地的商业教育主要集中在其他3个杠杆上。商科的学生知道,在竞争激烈的市场中,应该设定价格,使边际收入与边际成本相匹配。他们还知道，在价格上竞争通常是不得已而为之，而且可能不是一个好主意。不幸的是，这两个准则对于负责定价的经理们而言都没有太多指导性，这些经理们需要的是更多的可操作的定价知识。

在过去的10年中，出版了好多本有关定价的书，这有助于传播这方面的知识，但是其中大多数是非常特殊的个例，缺乏普遍意义。在本书中，我们旨在通过展示创新的定价策略如何帮助先进的公司创造并获取价值及新客户，使定价知识更加切实、具体和有趣。我们参观由客户定价的餐厅，看到一支著名的摇滚乐队通过免费赠送专辑来赚钱。因此，我们研究了谷歌（Google）和其他高科技公司如何利用定价来重塑整个行业。

从以上及其他许多故事中，你将看到公司以多种不同的方法对产品定价（高价、低价甚至无价），并且你将了解每种方法起效的方式、原因和时间。我们希望，当你阅读这些故事时，你不仅能学到如何设定价格，而且还能学会思考价格的重要性。我们相信你会同意我们的观点，定价的可能性是无限的，限制它的只有将来的预留价值和创造力的天花板。

经验告诉我们，拉动价格杠杆需要勇气和信心，而这取决于你有多了解定价能做什么、如何对产品或服务进行定价以及消费者和竞争对手如何对定价决策做出反应。如果本书能帮助你在拉动价格杠杆时获得更多信心，并且激发出你对自己的产品或服务进行定价的创新想法，我们就算达成写作目的了。

参考文献

[1] Kevin J. Clancy and Robert S. Shulman, *The Marketing Revolution*, HarperBusiness, 1991, 144–145.

[2] Daniel Kahneman, Jack L. Knetsch, and Richard H. Thaler. Fairness and the Assumptions of Economics, *Journal of Business* 59, no. 4(1986): 285–300.

[3] Frederic M. Biddle and John Helyar. Flying Low—Behind Boeing's Woes: Clunky Assembly Line, Price War with Airbus—Fearing Loss of Market Share, Company Took Orders It Wasn't Equipped to Fill—Those 737s in the Shadows, *The Wall Street Journal*(April 24, 1998), A1.

[4] Howard Banks. Profitless Prosperity, *Forbes* 156, no. 11(November 6, 1995): 64–65.

[5] Preyas S. Desai and Devavrat Purohit. Let Me Talk to My Manager: Haggling in a Competitive Environment, *Marketing Science*, Spring 2004; 23: 219–233.

[6] Justin Martin. Bull Headed, *Context Magazine*(September/October 1999).

[7] Pete Engardio and Dexter Roberts. The China Price, *BusinessWeek*(December 6, 2004): 102.

[8] Michael V. Marn and Robert L. Rosiello. Managing Price, Gaining Profit, *Harvard Business Review*(September 1996): 84–95.

目录

第 1 章
"自愿付费"定价

- 3 为什么要多付钱
- 12 "自愿付费"的5个关键特征
- 12 　产品的边际成本低
- 13 　有公正的客户
- 16 　客户对产品的感知价值差别较大
- 16 　买方和卖方之间建立了牢固的关系
- 18 　市场竞争激烈

第 2 章
为什么生命中最好的东西是免费的

- 27 免费之家
- 32 免费还是消失呢
- 39 仍然没有免费的午餐

第 3 章
价格战的艺术

- 45 为什么一些企业喜欢价格战

46 ·· 彩电制造商的价格战
51 ·· 微波炉制造商的价格战
55 ·· 价格战失衡至失败
59 ·· 价格战的两大原则

第④章
小钱

65 ·· "分分"计较
66 ·· 每天只要几分钱
67 ·· 超大号的利润
70 ·· 嘿,大客户
76 ·· 付小钱
80 ·· 心灵所铸成的镣铐

第⑤章
自动打折

87 ·· 自动降价流程
90 ·· 自动定价系统的适用条件
90 ·· 自动降价的前辈
93 ·· 少数赢家
96 ·· 荷兰式拍卖
98 ·· 为什么零售商不更"荷兰式"
100 ·· 曾经和未来的价格标签

第6章
自我定价

- 109 ·· 为什么 Priceline 存活下来了
- 113 ·· 不透明的销售
- 115 ·· 找到自己的客户
- 120 ·· 定义自己的商业模式

第7章
订购省：基于营销利润的定价模式

- 135 ·· 会狮子吼的老鼠
- 141 ·· 真正的底线

第8章
势利的溢价

- 147 ·· 从现金到地位
- 151 ·· 特殊邻居
- 154 ·· 多有多好
- 158 ·· 少即是多

第 9 章
有效才付费

- 169　　对价值的重视
- 173　　　基于绩效的定价使买卖双方的利益保持一致
- 174　　　基于绩效的定价往往会减少价格竞争
- 175　　　基于绩效的定价是作为防止收费不足或过多的一种保证
- 176　　　基于绩效的定价可以改善价格细分
- 176　　　基于绩效的定价可改善交易
- 177　　让"有效才付费"发挥作用
- 178　　　结果必须是可验证的
- 178　　　交易侧重于特定目标,而不是客户的整体成功
- 179　　　失败不会破坏卖方
- 180　　　结果对双方都很有价值
- 180　　　从对手到合作伙伴

第 10 章
结论

- 189　　以顾客为本
- 190　　差异化定价
- 191　　智能定价指标

致谢

第 1 章

"自愿付费"定价

*****

"如果一样东西足够好,人们是愿意花钱的。"

——电台司令(Radiohead)乐队经理克里斯·赫福德(Chris Hufford)

2007年10月9日，英国另类摇滚乐队（Radiohead）开始了一项试验：取消传统的音乐定价方式，他们让粉丝随意支付任何费用来下载最新专辑《彩虹里》（*In Rainbows*）的10首歌曲。在结账页面，粉丝会看到一个空白的价格框。当他们点击这个框时，会弹出一条消息，上面写着："随你。"下一页会接着弹出另一条消息："真的，随你。"

Radiohead把定价交给粉丝的决定是源自多年来对于传统的音乐发行方式的不满。在英国牛津成长的这支乐队在2003年和前经纪公司百代唱片（Electric and Musical Industries，EMI）的合同结束后并没有续约。尽管这支5人乐队已经通过传统渠道销售了超过2 000万张专辑，但因为有更多的盗版在互联网上下载和交换，"和传统唱片公司合作以固定价格出售专辑感觉就像'和恐龙捆绑一样'。"乐队的贝斯手科林·格林伍德（Colin Greenwood）说。[1]

这时，经理克里斯产生了一个想法：让粉丝支付任意费用来下载。"我们都认为他是个傻瓜，"主唱汤姆·约克（Thom Yorke）对此供认不讳，"当我们建网站时，我们还一直在问：'你确定吗？'"[2]

Radiohead的定价策略引发了音乐界的激烈争论，"好像往本来就混乱的唱片业投了一枚手榴弹"，一位音乐作家如此说。[3] 一方面，对于从实体支付转成虚拟交付已受到深刻影响的音乐界，人们认为这种方式是一次重要的试验。另一方面，传统人士看到"自愿付费"，或者是所谓的"诚实盒子"（honor box）付款方式时，认为这是对盗版的投降，这种做法将开启音乐行业衰落的另一个篇章。到 2007 年 10 月 29 日该项目结束时，Radiohead 明显赢得了这场"虚拟街头表演"的赌局，就像克里斯所说的那样，自由定价可以击败传统的定价和分销。[4] 超过 180 万的用户下载了这张专辑，虽然有 60% 的人没有付费，但 40% 的人的付费足以使这张专辑为 Radiohead 带来成功。美国调研公司 ComScore 预测，Radiohead 的顾客为每张专辑平均支付了 2.26 美元，这可能比起传统定价为乐队带来的收益更多（乐队经理否认了 Comscore 的预测，但是拒绝透露正确的数字）。Radiohead 的主唱汤姆·约克透露："从电子收入上来说，我们在这张专辑上赚的钱比我们其他专辑的收益总和都要多。"

一些粉丝声称他们支付的费用甚至超过了他们买传统专辑的钱：他们多付了 20～30 美元。这是他们在传统定价模式下不会做的事情。来自加利福尼亚州萨克拉门托的杰森·拉尼（Jason Raney）说，他计划付 100 美元来下载这张专辑。

为什么要多付钱

乍一看，"自愿付费"似乎没有意义：如果有免费的选择为什么有人会为产品支付费用？对于习惯现代购物（大多数产品以固定价格出售）的人来说，"自愿付费"似乎就像一个乌托邦摇滚歌手的幻想（"老兄，我们就让他们随便给点呗。"）。对于一首歌来说，这个想法也许不错，但它不一定足以成为好的购买系统。

但是，在某些情况下，"自愿付费"非常成功。几十年来，美国和英国的剧院在某些晚上会提供"自愿付费"的表演。一些美国的餐馆和咖啡馆都采用类似的客户自主定价模式。位于犹他州盐湖城的"一个世界咖啡"（One World Café）就是这样一家餐厅。《时代》杂志写道："每天在 One World Café 用餐的 150～200 位顾客里有律师、首席执行官、学生、老年人和带孩子踢足球的妈妈，还有那些运气不好的人。"虽然没有客户会被要求付费，但 One World Café 的生意却运转良好。华尔街日报报道，这家餐厅自 2005 年以来一直盈利，项目收入预期为 35 万美元，有约 5% 的利润率。所以这家餐厅与利润率普遍为 4%～6% 的小型餐馆并没有什么不同。

"自愿付费"并不像听起来那么不切实际，因为它消除了定价的许多缺点。对于卖家来说，设定价格需要确定价格应该是多少，这通常是一个困难且耗时的过程。例如，对于我的客户来说，这个产品值多少钱？除了某些奢侈品，价格和销量之间总是成反比，那什么价格能让利润最大化？价格和销量之间总是互相抵消，就是因为定价代表了向每个人收取相同的价格，无论其愿意付多付少。结果是卖家总是在更多的利润和更高的销量之间纠结，因为更多的利润往往导致较低的销量。唯一的可操作空间是随时调整价格。即使只有这么小小的自由，卖家的棘手问题也存在：我什么时候应该提高或降低我的价格？这种行为所带来的代价并非无足轻重。在美国，高达 1.93% 的国内生产总值被用来设定和重置零售价格，经济学家称之为"菜单成本"。[5]

对于买家来说，他们也需要思考一些价格难题，如这款产品实际值多少钱？我在标签上看到的价格对于这个产品来说合适吗？这对于像数码相机这种买家永远无法自己创造的产品来说，就是很棘手的问题。即使买家能找到以上问题的答案，他们可能还会犹豫是否可以在其他地方获得更优惠的价格。

固定的价格使每笔交易都成为一场对抗，在这场对抗中卖方和买方都无法完全满意。卖方永远不确定是否把价格定得太低而有点亏了，或是否把价格定得太高而失去了一些潜在的有高盈利价值的客户。同时，买家永远不能完全肯定，如果他继续寻找的话，是否能找到比这单交易更优惠的价格。

"自愿付费"规避了这些问题。在某种程度上，这实现了营销人员的梦想：卖家从每一位潜在客户身上得到最好的报价，而买家也不会有多付了钱的感觉。与其选择一个相对客户承受价可能过高或过低的固定价格，"自愿付费"能创造一个卖方以客户愿意支付的价格卖给每一个潜在客户的市场。这样理论上可将市场扩展到最宽，而且没有压低那些乐意支付更高价格的客户的价钱。

虽然"自愿付费"定价模式一直是服务经济的一种边缘形态，它的角色就像门童或街头表演者，但人们对其可能性的认知度似乎正在扩散。越来越多的产品完全是知识产权产品而没有多少物理成本，如软件等，而且服务产业的增长，让"自愿付费"成为一种越来越实用的选择。甚至学术界对这种模式的研究也有所进展。一位哥伦比亚商学院的营销学教授对他的新教科书进行"自愿付费"试验。诺埃尔·卡彭（Noel Capon）将教科书行业比作美国航空公司在20世纪60年代实行的价格联盟策略——航空公司的竞争集中在服务上，无须忧虑价格。他认为，出版商之间形成"寡头联盟"模式，让价格持高，并鼓励出版商在作者水平和质量上竞争，而不在价格上竞争。由于大学教科书的高价，卡彭决定让学生免费在线阅读他的新书，而不是与传统出版商合作[6]。通过复制 Radiohead 的模式给营销学教科书定价，卡彭希望由此迫使传统出版商降低他们对教科书的定价，让他们成为像廉价航空公司西南航空革新航空界定价那样的模范。

卡彭也希望在没有义务购买的情况下阅读这本书能被证明是一种刺激需求的好方法。"它是把我的书送到尽可能多的人手中的方式，"他解释道，"我必须克服的主要障碍是教师不情愿换教材。因为在线教材的价格为零，对旧价格不感兴趣的教师会很认真地考虑我的书。"（但这个理论的一个问题是，卡彭教授假设了教师会在乎学生为一本教科书花的钱——这是一个值得怀疑的推断，事实可能并非总是如此，就像有个别医生可能不会关心患者为处方药支付的价格。）

对于 Radiohead 来说，"自愿付费"有许多特殊优势，其中一些是音乐界独有的。首先，不只对 Radiohead 的粉丝，对普通大众来说，Radiohead 让大众决定产品的价格的决定都是个大新闻。选择这个创新的定价模式已经为他们进行了大量的免费宣传，让他们在所有用传统方式贩卖音乐的乐队中脱颖而出。

这样的特立独行有助于他们的专辑获取足够多的曝光。尽管有 180 万次下载，但用"免费"专辑作为标价 40 英镑（1 英镑≈8.79 元人民币）的豪华盒装套装（其中包括一张含有 8 首其他歌曲的附赠 CD）的预告片，取得了十分成功的效果。该套装在 2007 年 12 月发布时，曾飙升至英国流行音乐排行榜榜首，截至 2008 年 3 月，共销售了 9.5 万份。试验结束后一年，Radiohead 的出版商华纳·查普尔（Warner Chappell）

说《彩虹里》在网上的在线下载盈利比上一张专辑《鹊贼篇》（*Hail to the Thief*）还要多。最后，《彩虹里》被下载和售出了 300 万份。实体专辑的销量似乎也没有因网上可下载而被蚕食。截至 2008 年 10 月，《彩虹里》发布一年后，CD 销量已达到 175 万份，比其 2001 年和 2003 年的专辑累计销售总量只少几千份。[7]

有趣的是，卡彭的教科书销售也试图通过区分产品本身来满足需求曲线中的不同点。他提供了"自愿付费"让读者阅读，但读者只能通过在线阅读。有预算的学生可以购买售价为 45 美元的印刷版或者支付 25 美元下载 PDF 版本。

这种给同一产品打造满足多层需求的能力是许多"自愿付费"方案的重要特征。慈善机构和非营利组织早就知道"自愿付费"的优势所在：纽约大都会艺术博物馆每年 500 万访客中的大多数人都支付了一人 20 美元的门票，尽管该艺术博物馆有标志说明，这个是"建议的捐赠"。即使是政治营销人员也已经学会了利用"自愿付费"的优势。某些国家总统筹款的创新之处并不只是利用互联网作为筹款渠道，他们还能通过"自愿付费"接触成千上万的小捐助者。这之前，政治筹款更多的是面向机构和个别有钱人。

不要低估这种曝光在交叉销售中的价值。对于许多乐队来说，这种曝光不仅能促进录制的音乐作品的销售，还能促进音乐会巡回演出门票的销售。卖出几千张门票比卖出几百万张专辑在目前来说更有利，因为顶级的表演者往往能收到门票收入的 90%，相比之下，销售专辑能获得的收入就要少得多。[8] 例如，流行歌星贾斯汀·汀布莱克（Justin Timberlake）在 2007 年的北美巡回演唱会中赚了 7 060 万美元，而他通过销售专辑只赚了 2 080 万美元。[9] 这并不是一个特例。"艺人们知道他们的主要收入来源于巡回演出。"一位音乐行业分析师表示。

"20 年前,艺术家们通过巡回演出来宣传专辑。现在,艺人们也巡回演出,是因为受众有看现场的需求,这也是他们赚钱的方式。"[10] 另一个衡量巡回演出重要性的标准是,现在有些音乐唱片公司试图与艺术家签"360 度合同",这使公司不仅可以分享销售音乐作品的收入,还可以分享包含了来自 T 恤、演唱会门票等与音乐相关的其他产品的收入。

从这个角度来看,就算白送音乐也大有可为。例如,2010 年春天,普林斯(Prince)在伦敦《每日邮报》中附赠的 300 万张《地球》(*Planet Earth*)CD 没有任何收益,但是由于宣传力度大,他的 21 场伦敦音乐会全部售空。他在专辑上的"损失"显然引起了受众观看他现场表演的兴趣,据称其音乐会的门票收入很可能比他通过传统方式售出 CD 能赚到的 50 万美元再加 10% 的版税还要多。

很多人,特别是大学生,本来只通过下载盗版来听音乐,一文不付。在现在音乐发行的系统下,与其往往什么都得不到,Radiohead 把一些免费下载用户成功转化成了付费用户:1/4 算不上很多,但是总比没有好。

虽然音乐行业是非常特殊的情况,其他类型的行业,甚至是如之前所述的餐饮业,也有商家采用"自愿付费"定价模式。位于华盛顿州西雅图郊区柯克兰市的咖啡店 Terra Bite Lounge 就是其中之一,它也使用了这种模糊定价的方法。咖啡店没有列出价格,顾客随意支付费用并将钱放进柜台上的一个带锁的金属盒子里。盒子上友善地标注了"结款和小费请放这里"。《华尔街日报》报道,Terra Bite Lounge 平均每天有

200名顾客光临，每人平均支付2～3美元。其中一位店主埃文·佩雷兹（Ervin Peretz）说，Terra Bite Lounge的每件商品的收入比其他咖啡店少很多。但自2007年11月开业以来，Terra Bite Lounge在财务上还是可观的，远高于收支平衡。但是独特的定价策略可能会让收支情况不太稳定。每天80个顾客、每单交易3美元还达不到收支平衡，尤其考虑到每月租金高达4 000美元。可也有收支情况不错的时候。在俄亥俄州凯特林市的一家咖啡店，店主在2008年以"自愿付费"来作为应对经济衰退的一种方法。结果是自从他改变定价方法后，销售量和客户人数增加了50%～100%，他正在考虑聘请更多员工。[11] 不是只有他一个人这样做，伦敦的高档餐厅Just Around the Corner采用"自愿付费"已经22年了，而且这种定价模式到现在依然很成功。那么为什么要冒险呢？"当你提供优质的食物和服务时，大家自然会留下更多的小费，"Just Around the Corner的店主瓦索斯·迈克尔（Vasos Michael）解释道，"所以我对自己说，'让我们把价格交给他们决定吧'。"[12]

通常情况下，卖家采用"自愿付费"不是因为他们相信这个产品能推动其他更高利润产品的销售，就是因为他们认为"自愿付费"比传统定价可以产生更多的利润。对于Radiohead来说，两者兼而有之。其他的，特别是一些餐馆，采用这样的定价方式也是一种很好的宣传途径，对于店主来说能带来金钱以外的好处，或在社区中有更好的名声。

这甚至能激励服务员提供优质的服务来改善顾客体验。毕竟，整个账单，而不仅仅是小费，都将会由客户自行决定。一位顾问将该商业模式描述为"内置质量控制系统"。[13] 显然，这对Just Around the Corner仍然可行：最近的一条顾客点评说，3年来，他在这家餐厅见过同一位女服务员,他说这必须是"伦敦的纪录"。"自愿付费"策略最后一个重要的元素是改变成本结构。这对于音乐行业来说尤其重要,可能也适用于新兴的电子书行业。不设价格往往会削减一些中间商,例如,因为出版商通常赚取一本书零售价的 50%,而几乎零边际成本的电子书,读者自愿支付的金额不需要很高就能盈利。对于只能获得零售额的 5% 的作者来说,这样很可能在金钱上对他们更有利。

公司也可以使用此类下载为书籍进行营销宣传。例如,英国的费伯(Faber)出版社最近就让历史学家本·威尔逊(Ben Wilson)的书《价格自由》(*What Price Liberty?*)在正式发行前 6 周可免费下载。费伯出版社的营销人员相信,这一项试验会为这本书增加受众而不会影响实体书的销售。[14]

在教科书业务中,"自愿付费"模式可能具有另一个优点:它减少了二手书的数量。学生购买的大部分教科书都是用过的二手书,而出版商和作者无法从中获得版税。因此,"自愿付费"模式将有助于取缔无利可图的二手市场,使用户能持续向出版商支付费用。

这是理论。"自愿付费"定价策略实际上能否成功是另一回事。在音乐界,Radiohead 的成员们也说他们不相信"自愿付费"适用于每个乐队。他们说自己的成功主要是因为他们已经有了庞大而稳定的忠实粉丝群。那些比较默默无名的艺术家做过类似的实验,证明 Radiohead 所说的可能是对的。哈维·丹格(Harvey Danger)这个乐队比 Radiohead 的知名度要低,但是仍然有一些粉丝。他们在 2005 年用与 Radiohead 相同的模式发行了专辑。粉丝们总共下载了这张专辑 19 万次,但只有 1% 的人为此付款。虽然（那些付款的人）平均付了 8.34 美元，哈维·丹格的吉他手杰夫·林（Jeff Lin）认为，这"肯定不是很多人以为的'暴富'"。

不过，也有其他艺人在"自愿付费"中尝到甜头。2005 年，加拿大创作歌手简·西贝里（Jane Siberry）在她的音乐下载环节中设置了她所说的"自我定价"模式。在结账时，客户有 4 个选择：选择价格、下载歌曲后付款、支付正常的 99 美分，或"简的礼物"——这意味着客户不需要付钱。

最后，"自愿付费"对于音乐和其他体验型商品来说是一种特别好的定价模式，这种定价模式让客户关注的是他们自己从歌曲、书籍或电影中所享受到的愉悦，而不是他们支付的价格。我们的同事，沃顿商学院的营销学教授彼得·费德（Peter Fader）认为，消费者对音乐等体验性商品的价格关注会拉低商品的感知价值。"如果客户对这首歌到底值多少钱刨根究底，事情就变糟糕了，你不会希望别人去想这个问题。这是整个 iTunes 商业模式的问题之一，就是，它是否值 99 美分？ 音乐，是一种全面的并且是体验性的产品，它给你带来的体验比你获得的数据要有价值得多。"

当然，餐厅店主迈克尔同意费德的看法，客户的关注点不在价格上会比传统的定价模式给价格提供更大的潜在上升空间。在 Just Around the Corner，迈克尔说曾经有 4 个美国商人来吃饭，他们离开时在桌子上留下 600 英镑（当时接近 1 200 美元）。"他们问这行不行，"老板回忆道，"我回答'当然行。'如果他们认为这顿饭值这个价，那很好！"[15]

"自愿付费"的5个关键特征

> **5点笔记**
>
> 虽然音乐是一项高风险的产品,但我们在Radiohead的《彩虹里》活动中发现,音乐有着"自愿付费"的5个关键特征。
> 1. 产品的边际成本低。
> 2. 有公正的客户。
> 3. 客户对产品的感知价值差别较大。
> 4. 买方和卖方之间建立了牢固的关系。
> 5. 市场竞争激烈。

产品的边际成本低

《彩虹里》发布后不久,Radiohead的吉他手乔尼·格林伍德(Jonny Greenwood)丢失了他使用的一些音乐软件的密码,于是他通过电子邮件向开发人员索要新密码。"他们回信说,'为什么你不向我们支付你定义的这个服务的价值?'"格林伍德说。[16]

正如Radiohead所学到的,软件用户也是"自愿付费"的理想候选人。我们的研究表明,任何边际成本低的项目都是公平的游戏。边际成本低指的是第一件产品的固定成本高昂,之后每件副本的制造成本都很低。例如,经销商不能以"自愿付费"的方式出售汽车,因为一单未付款的成本将超过从几十个买家那里获得的利润。百货也不能,因为大多数百货产品的成本是边际生产成本。但软件、音乐和许多其他类型的媒体及知识产权商品通常有较低的边际成本，这些产品的成本大多是固定的，副本的生产成本偏低，通常近乎为零。

但是，这并不代表边际成本必须接近零，"自愿付费"才可行。餐馆有很高的边际成本，工资和铺租等固定成本通常远远大于食物的边际成本。我们之前说过 Just Around the Corner 的 4 个美国商人留下了 600 英镑，但他们可能已经要了一瓶价值 200 英镑的 2003 年产自法国罗斯柴尔德·波亚克（Rothschild Pauillac）木桐酒庄的波雅克葡萄酒，但"自愿付费"仍然有用。

有公正的客户

就 Radiohead 而言，《彩虹里》的成功依赖于乐队许多忠实粉丝的公正意识。对于在过去 15 年追随乐队的忠实粉丝来说，没有付费下载难以过心理上的那关。显然并不是只有 Radiohead 的粉丝是公正的。芝加哥大学教授理查德·塞勒（Richard Thaler），一位行为经济学的先锋，已经注意到经典经济理论认为人是自私及理性的主体，这往往忽视了人类实际上经常根据如何被对待而做出反应的事实。"许多研究人员发现人们倾向于'以德报德，以怨报怨，以合作回报合作，以背叛报复背叛'。"塞勒说。[17] 塞勒还指出，即使没有经济上的奖励，人们也常常采取无私的行为。亚当·斯密，第一位现代资本主义理论家，早在 18 世纪就写道：无论人可能有多自私，很明显在人性中有些原则，让他关注别人的命运，把别人的幸福当作他的使命，尽管他除了见证的喜悦外一无所获。[18]

采用"自愿付费"定价模式的卖家似乎尝试唤醒客户的这种公正感。例如，Radiohead要求买家在下载之前输入他们想要支付的金额。那些可能想要免费下载的用户如果不想支付任何费用，必须输入"0"。这个动作可以引发这些用户对于公平性的条件反射：如果我不支付任何费用，这对于别人的劳动公平吗？

当交易发生在社交环境中时，例如餐馆，通过创造一种客户不付钱就有点丢脸的情景可以刺激公平性的条件反射——这是米歇尔·福斯特（Michael G. Foster）商学院市场营销专业副教授埃里卡·奥卡达（Erica Okada）所说的"社交监督"的过程。例如，一家自愿付费的餐厅，所有用餐的顾客都必须提前预约，这减少了匿名感。无论是谁付账，顾客们都不想因为太贪小便宜而在别人面前丢脸——就算是在餐厅里隔壁桌的陌生人面前也不行。

有时候"自愿付费"的组织甚至为了减少过低的付款而特意让付款人尴尬。Just Around the Corner就这样做了。"对于那些付款低得离谱的人，我们会给他们找钱。"店主迈克尔如是说。[19]从技术上讲，顾客可以完全不付钱就走人，但对大多数人来说，以当众"羞辱"为代价的霸王餐也太"贵"了。这样的情况是餐厅的一次性损失，但是何尝不是对顾客的一种教训。那些不愿付费的顾客要不以后就餐时签一张更大的单，或者以后都不再来了。

这种对抗对于"自愿付费"似乎很常见。位于俄亥俄州凯特林市的杰夫街（Java Street）咖啡馆的老板山姆·利珀特（Sam Lippert），就是让顾客直接付钱给他。"好，你知道，他们必须看着我说，他们认为就值这个价钱。而且，你知道，这是一个很大的刺激。当有人到柜台的时候，你说：'你要付你认为公平的价钱。'很少有人会利用这种情况占便宜，"他说，"尤其是当你知道他们名字的时候。"[20]

企业也使用其他机制使客户遵循自己的直觉进行付费。纽约州伊萨卡城附近的农民，经常在路边放一张摆满农产品的桌子，以及一个钱箱。因为拿走箱子或从箱子的狭缝里取出钱都十分困难，他们降低了顾客把钱拿走的诱惑。行为经济学家研究他们的商业模式时，他们认为农民很了解人性："他们觉得有足够多的人会愿意支付购买新鲜玉米的费用，所以值得把玉米放出来。农民们也知道，如果把钱拿走很容易，有人也会这样做。"[21] 正如一句古老的中国谚语所说，门锁防君子不防小人。顾客之间强烈的公平意识似乎有助于建立这种社会压力感。据报道，在下载期间，许多 Radiohead 的粉丝互相询问对方为"免费"下载付了多少钱。事实上，"自愿付费"在高档的城市社区和乡村咖啡馆中都做得很好，这就证明了"自愿付费"定价可能在具有强烈公平意识的地方最有效。

但即使在更忙乱、没有人情味的情况下，社会监督也能起作用。例如，在大都会博物馆，不支付任何费用的话需要直接从博物馆员工那里"购买"一个翻领按钮，这会给游客创造一个令人不舒服的社会环境。除了其他付钱的人，也可能还有他们自己的家人施加的实际上或想象中的社会压力。在线上创造社会压力的新方法也会发展起来。出版卡彭的教科书《21世纪的管理营销学》的威塞克斯出版社（Wessex Press）告诉客户，他们可以免费在网上下载这本书，但他们必须"同意在几个月后收到威塞克斯的电子邮件，提醒他们为这本书的价值付费。"[22]

比起给钱过少，某些"自愿付费"的情况会引导客户付费偏高。例如，据报道，Just Round the Corner 的顾客会比平常同样的一餐饭多付 10%～20% 的钱。当定价机制有吸引客户的好的一面时，它可以带来更多的利益。

客户对产品的感知价值差别较大

事实上，Radiohead 的定价策略取得成功的另一个原因是有些人比其他人更在乎 Radiohead。如果产品的感知价值差别不大，鼓励客户自己设定价格可能无利可图。大部分"自愿付费"的利润都是来自那些不了解潜在成本结构，并高估实际成本的大范围分布客户。支付意愿的广泛分配可向不同的客户收取不同的价格以获取更多的利润。"自愿付费"使卖方能够实现针对个人量身定制的价格差。

买方和卖方之间建立了牢固的关系

在人们建立了联系之后，无论是像 Radiohead 和其忠实粉丝之间这种单向的关系还是与销售人员的双向关系，他们经常感到需要回报对方的好意。许多采用传统定价的企业开始将这种趋势纳入客服体系中：美国高端百货公司诺德斯特龙（Nordstrom）公司，以提供非凡服务而闻名，他们会为顾客在其他商店购买的商品也提供礼品包装服务；沃尔玛每个入口都会有人，而且经常是一位友好的老太太。不管这是一种沃尔玛创始人萨姆·沃尔顿（Sam Walton）对于客服的"热情服务"定位，[23] 还是他们对员工要"像顾客一样思考"的要求，本质上都是一样的。[24] 就沃尔玛的迎宾人员而言，他们的目标不仅仅是为了提高顾客的忠诚度，也是为了降低盗窃率。

在"自愿付费"中,同样的原则可能更为重要,因为决定给多少钱都是自愿行为。如果一个服务员很友善并且乐于助人,那么顾客很难不给小费就离开,虽然没有法律规定顾客必须如此。在美国一般习惯给服务员15%的小费,大都会博物馆会有建议捐款的公告,这些类似的思维模式增加了支付超过象征性金额的压力。这些压力可能是"自愿付费"定价的有效方法,不然会迫使消费者更多地参与设定价格。

了解客户如何决定支付的金额也可帮助卖方有效实施"自愿付费"的定价模式。大多数消费者行为研究表明,消费者通常使用3种方式来决定他们愿意支付的价格:锚定价、价值定价和公允定价。

当客户使用锚定价时(有时称为参考定价),他们通过比较类似商品的价格来确定价格。例如,用户可能会注意到iTunes上的CD平均售价为13美元或者记得以前Radiohead的CD的价格是15美元,这就为他们支付的费用设定了一个上限。他们可能会推理如果从iTunes下载的CD价格为13美元,那么最终可能有9美元会流向唱片公司、苹果公司和其他营销公司,艺人最后可能会得到4美元。由于Radiohead没有唱片公司或其他营销费用,他们可能得出结论,4美元对于他们的新CD将是一个公平的价格。

客户使用的第二种定价方式是价值定价,决定专辑对于他们所代表的价值,然后以此作为他们为拥有CD而愿意支付的最高价格。例如,在沙龙网上,用户Sponte发表评论:"我支付了10英镑,大约20美元,因为这是由我决定要付多少。我对Radiohead很重视,并为这个定价试验喝彩……"

在第三种定价方式中，公允定价，客户试图确定他们认为的"公平"价格是什么，他们通过直觉回报给卖方一个公平的价格。看一下沙龙网的这些用户付钱给《彩虹里》时说的话：

"我决定支付 5 英镑。我认为如今为一张唱片支付 10 美元很公平。"——用户 Ozoneon；

"我以 3 英镑的价格预订了这张专辑，感觉很公平。"——用户 edsohsmith。

这些方式中的每一种都依赖于顾客先前存在的知识或者情绪来帮助确定价格，这表明从根本上说，使用"自愿付费"可能很难销售革命性的新产品。知道下载歌曲的费用是 99 美分，或者说知道一杯咖啡一般是 1~2 美元，顾客才能了解物品"应该"价值多少。没有确定价格或清楚了解产品的价值，客户可能很难决定什么是"公平"的价格。

市场竞争激烈

音乐市场的竞争非常激烈，不仅仅是因为很多乐队要争抢年轻粉丝的喜爱，也是因为盗版诱使那些年轻粉丝不为听歌付出任何代价。在这个市场中，与其让乐队设定固定价格却只有少数人购买，不如让"自愿付费"能成为一种优越的定价模式，即使乐队的目标是利润最大化。事实上，在竞争激烈的市场中，"自愿付费"很可能成为避免与竞争对手展开毁灭性价格战的一种有效手段。当消费者支付他们想要的价格时，市场价格变得自治，竞争公司不再固定任何价格。当他们不设定价格时，他们不能、也不会打价格战！

结论

"自愿付费"定价可能会回归交易的本源,回到比现在的现金经济价值更难分配的日子。然后,就像现在一样,"自愿付费"定价不仅是交换商品和服务的好方法,也能建设更强烈的集体意识。不难想象在家庭或社区这些拥有庞大的共同义务关系网的组织中,"自愿付费"最终会让人感觉它与善行几乎无法区分。

正如许多文化的集体智慧所暗示的那样——英国谚语中的"给者得之"和中国俗语"滴水之恩,涌泉相报"——人类似乎习惯了礼尚往来。最后,"自愿付费"不仅可能成为交换货物和服务的便利过程,也可能成为建立和加强社区的基本方式。

显然,Radiohead似乎已经把这种销售专辑的方式当成一种来自粉丝的肯定。"它释放了我们,"队长约克说,"这不是虚无主义,暗示音乐根本不值得。恰恰相反,是人们认可了音乐的价值,也许这只是人们对我们正在做的事情有信心。"

或者如乐队经理克里斯所说:"人们真的做了给钱的决定,就像在说'我们希望成为其中的一部分'。如果它足够好,人们就会给钱。"[25]

参考文献

[1] Adler, Heather. Radiohead Spurns Label of Digital Crusaders, The Star Phoenix(February 27, 2008): C6.

[2] Byrne, David. David Byrne and Thom Yorke on the Real Value of Music, Wired(December 18, 2007).

[3] Gibson, Owen. Innovators of the year winner: Bryce Edge and ChrisHufford. The Guardian(10 March 2008): Supplement, 17.

[4] Pareles, Jon. Pay What You Want for This Article, International Herald Tribune(December 13, 2007): 6.

[5] Levy, Bergen, et al. Menu Costs, Posted Prices, and Multiproduct Retailers, Journal of Money, Credit, and Banking(November 1999): 686.

[6] Tackling the Textbook Giants, Columbia Business School "Public Offering" blog(October 15, 2008).

[7] Cardew, Ben. A year of few successes, Music Week(January 12. 2008): 3.

[8] Ben Sisario. Pop Tours Still Sell, Despite Economy, New York Times(July 12, 2008).

[9] Lewis, Randy. Making Nice Pays Off for the Police, Los Angeles Times(January 5, 2008).

[10] Mary Ellen Podmolik. Rocking On, Lollapalooza-Style, Chicago Tribune(April 8, 2008).

[11] John Roberts. Café Owner Thrives with No-Pricing Policy, CNN(March 17, 2009).

[12] Ben Pappas. Transparent Eyeball, Forbes(September 20, 1999).

[13] Imogen Wall. It May Be a Dog-Eat-Dog World, but Dining Here Won't Prove It, The Wall Street Journal(December 11, 1998): B1.

[14] Lea, Richard. Faber Launches "Pay-What-You-Want" Ebook, The Guardian(March 9, 2009).

[15] Imogen Wall. It May Be a Dog-Eat-Dog World, but Dining Here Won't Prove It, The Wall Street Journal(December 11, 1998): B1.

[16] Pareles, Jon. Pay What You Want for This Article, International Herald Tribune(December 13, 2007): 6.

[17] Robyn Dawes and Richard Thaler. Anomalies: Cooperation, Journal of Economic Perspectives 2, no. 3(Summer 1988): 190.

[18] Dawes and Thaler. quoting Smith's Theory of Moral Sentiments, 192.

[19] Ben Pappas. Transparent Eyeball, Forbes(September 20, 1999).

[20] John Roberts. Café Owner Thrives with No-Pricing Policy, CNN(March 17, 2009).

[21] Dawes and Thaler, 191.

[22] Managing Marketing in the 21st Century website.

[23] Michael Berdahl. What I Learned from Sam Walton: How to Compete and Thrive in a Wal-Mart art World(NJ: Wiley, 2006).

[24] Spector, Robert et al. The Nordstrom Way to Customer Service Excellence: A Handbook for Implementing Great Service in Your Organization(New York: Wiley, 2005).

[25] Pareles, Jon. Pay What You Want for This Article, International Herald Tribune(December 13, 2007): 6.

第 2 章

为什么生命中最好的东西是免费的

* * * * *

"我们必须关注今天的经济并问自己:'什么是互联网经济真正稀缺的?'答案是注意力。"

——哈尔·瓦里安(Hal Varian),谷歌公司首席经济学家,加州大学伯克利分校信息科学、商业和经济学教授

想象一下，你是多元化服务公司的一位营销经理。得益于先进的技术，你的公司可以瞬时提供信息，而这以前需要数千人花费数千小时去研究数以百万计的书籍和学术论文内容才能做到。你也让世界各地的人们可以轻松管理和交换他们的照片，翻译40种不同语言的文件，追踪他们的投资，发送电子邮件，甚至在一些相当复杂的文字处理软件中建立文档。通过其他部门，你可以让他们观看任何他们想要观看的电影或电视节目，并发布自己的视频让世界可见。你甚至可以让人们看到自己后院的卫星地图。

现在价值一万亿美元的问题来了：你应该为这些服务收取多少费用？一些独立的服务，如照片存储或办公软件，可能价值数百美元。其他的服务，如提供卫星照片，可能只是满足一下人们的好奇心，但对于某些人来说仍然有所值。然而，全部服务加起来能价值数千美元，甚至如维萨（Visa）信用卡所说的，无价。

事实上，无价正是Google所选择的价格。这个提供消费者最关注的信息、让许多人生活得更轻松美好的功能强大的搜索引擎，任何人都可以免费使用。

也许为了客户增长量，免费是有意义的，但现在Google已经是世界上占主导地位的搜索引擎，为什么Google还要坚持这一定价模式？在访问了位于加州芒廷维尤（Mountain View）的Google总部后，真正的原因显而易见。从入口处，Google 的总部看起来跟很多其他公司总部或校园无所不同，因此他们现在经常被称为"聪明、快乐、风格模糊的学院"。但相似之处也就仅限于此了。

与 Google 客户一样，Google 员工可以获得大量福利，这也是《财富》杂志 2008 年将 Google 评为最佳雇主的部分原因。Google 员工拿到手的不仅是健康计划和股票期权这些普通的公司福利，还有各种不寻常的福利，包括免费餐厅、免费按摩、免费瑜伽课程和免费理发等。Google 甚至提供免费洗衣服务，以确保他们忙碌的员工有干净的衣服换洗。整个 Google 的氛围感觉像是一所一流的大学，甚至更好。事实上，该公司是如此慷慨以至于员工可能永远不想离开。

这点很重要。Google 提供优越的福利是因为经理们认为这些福利会鼓励员工待得更久，工作更好。更长时间、更好地工作意味着更高的生产力——提高员工的工作效率最终意味着公司的收入更多。

当然，Google 搜索引擎也是如此，只是规模要大得多。Google 赠送的价值越多，似乎得到的回报也更多。就像芒廷维尤的那些被宠的理工生一样，客户用他们的时间和关注来回报 Google 所给予他们的所有好处。他们的忠诚度给 Google 创造了极其宝贵的财富，Google 主要市场的 B 面正是向广告客户出售这些关注。

2009 年，市场对 Google 的估值约为 1 060 亿美元（Google 在 2008 年的收入为 210 亿美元），毛利润为 130 亿美元。这个数字很厉害，特别是考虑到有很多企业在 2008 年和 2009 年年初挣扎，甚至是最成熟的多元化的蓝筹股公司都很难盈利。2008 年，通用电器公司（General Electric）自 1938 年以来首次削减分红；沃伦·巴菲特（Warren Buffett）投资的多元化的企业集团伯克希尔·哈撒尔（Berkshire Hathaway）公司在2008年第4季度盈利下降96%。但在整个动荡过程中，Google的盈利保持稳定，甚至高于预期，产生了18亿美元的自由现金流，尽管其99%的用户可能永远不会付一分钱。

用电影《华尔街》(*Wall street*)里面可恶的投资大亨戈登·盖科（Gordon Gekko）的话来说，免费就是好的——免费很有效。

但是怎么做？说起来很容易，"这很简单，做广告。"但实际做起来比说起来要复杂得多。许多其他企业在同期都没有通过广告成功生存下来。是什么广告让Google与众不同？与几乎所有过去的大众传媒巨头不同，Google向广告客户所提供的服务是完全有形的，这并不是因为Google受众庞大，而是因为它的巨大群体是由众多带着明显偏好的个人组成的。每一天，全球近32%的互联网用户在使用Google，根据Alexa网站的说法——这大约有5亿人，还有很多人则会看到Google在其他网站上投放的广告。尤其是在用户查询信息的时候，由于搜索的性质，屏幕上显示的条目都是能吸引人的。人们可能会看他们毫不关心的电视节目，或者他们可能会翻阅报纸而找不到任何有兴趣的东西，但他们不会搜索他们没有兴趣的主题。

这种规模和细分的结合使Google几乎成为营销的完美媒介。与典型的广告客户不同，只有潜在客户点击搜索引擎上的链接或跳转到购买网站的时候，客户才会对Google的关键词付钱。Google广告客户也可以获得免费赠品：除了不用像旧媒体模式那样为不感兴趣的消费者付钱，他们还不必支付高于市场基准的价格来获得潜在客户，因为Google是通过拍卖来设定每个关键词的价格的。例如，与搜索关键词"营销顾问"

一起显示的广告,目前每次点击的价格为4美元,而"价格顾问"则是2.89美元,便宜多了。

免费之家

Google的情况很特殊,但不是唯一的。如今免费战略被广泛使用。不仅仅是科技公司,许多其他类型的公司也通过免费策略来帮助他们建立和维持客户群体。事实上,免费策略现在如此受欢迎,以至被归为远大于定价的范畴,已经有一些专门研究"免费经济"的书了。

当然,天下没有真正免费的午餐。可能有很多搭便车者,但最终得有人付钱。从技术角度来看,免费经济通常基于经济学家所称的双边市场,在市场中,卖方有两种客户,缺一不可。一个很经典的例子是,酒吧的女士之夜,男性要付钱,但是女性免费。这是一个非常简单的例子,而现实更复杂。彻底了解免费策略的最简单方法是观察推动当前免费策略繁荣发展的那些因素。

当然,如今免费策略火起来的最大驱动力是信息的边际成本的递减。信息技术取得了巨大进步,以1995年为例,互联网使用指南有时会包括建议避免浪费带宽。指南说,互联网更多的是给那些有重要事情互相探讨的学者使用,而不是给《星际迷航》的粉丝使用的。快速发展的信息技术改变了这一切。今天世界上的普通人对互相发送重要和不重要的信息都已经习以为常。计算机的能力也呈指数增长,而且不管是运算还是存储数据的价格每年都变得更便宜。带宽不够,这种想法现在听起来十分荒谬，类似于担心打开一盏灯就跳闸了一样。

在Google的首席经济学家、加州大学伯克利分校经济学教授哈尔·瓦里安看来，大多数免费策略的盛行都是廉价数字媒体增长的直接产物。"内容还是一如既往的值钱，只是竞争把价格压低到近乎为零，"他说，"所以这不是内容制作者会欣然接受的事情，而是技术变革使他们被迫接受。"[1]互联网的快速发展凝聚了数量众多的受众，这本身也增加了免费服务的传导性。10多年前只有几百万人在使用互联网，而现在有10多亿人定期使用互联网，以前只能触达几千人的成本，现在可能触达数亿人。但正如Google发现的那样，互联网快速发展更重要的价值不在于互联网聚合了一个新的广大受众，而是聚合了数百万不同的受众。

众包是推动免费策略流行起来的第二个因素。用户参与知识产权创造对信息和娱乐的成本会产生巨大影响。这让人想到油管（YouTube），它成立仅四年，在2006年就被Google以16.5亿美元的价格收购，YouTube几乎一夜之间成为世界上最大的视频库。今天它是互联网上第4受欢迎的网站，每天大约有20%的互联网用户访问YouTube，每分钟增加20小时的新视频内容。[2]制作所有内容的成本是多少？答案再次是无价。YouTube没有参与这数百万小时视频内容的制作，从最开始到现在都是业余爱好者提供了绝大多数视频，尽管越来越多的内容是来自电视节目、音乐视频和电影的得到许可的剪辑。除去虚拟主机的庞大成本之外——估计每天100万美元——Google几乎不用花钱制作内容。成千上万自媒体创造的一种新型业余新闻报道也在创造价值。美国有线电视新闻网（Cable News Network，CNN）的i-reporter程序就是建立在数千名业余电视记者的新闻采访工作之上的。《赫芬顿邮报》（The

Huffington Post），一家受欢迎的思想自由的报刊网，它的结构非常精简，员工只有少数几名全职记者、一些名人专栏作家以及 3 000 多名志愿者。令人难以置信的是，尽管规模如此细小，《赫芬顿邮报》每天有 160 万份的发行量，几乎是拥有数百名专业员工的《华盛顿邮报》（Washington Post）网站的 2 倍。[3]

现在业余爱好者除了编写互联网的历史之外，还完全打破了参考书业务的传统。不列颠百科全书出版公司（Encyclopaedia Britannica）仍然出版并发行实体印刷本、电子和 DVD 版本的参考书，但它面临着与维基百科这种众包新星的巨大艰难战斗。包含 65 000 篇词条的印刷版百科全书售价为 1 149 美元，DVD 版售价为 24.95 美元，在线不列颠百科全书的一年订阅价为 35.95 美元，而维基百科是免费的。

更糟糕的是，就很多人的需求而言，维基百科是一个更好的产品。由志愿者编写的维基百科的不可靠性仍为教师们所诟病，但是由英国科学杂志《自然》（*Nature*）进行的一份调查发现，维基百科事实上只比旧标准的可靠性稍低一点。相对维基百科中的文章出现了 4 个错误，在线不列颠百科全书中会出现 3 个。[4] 但最坏的是，比起不列颠百科全书，维基百科不仅免费而且更全面：维基百科中有大约 210 万个词条，而不列颠百科全书的线上版本只有 12 万个。[5] 在全面度上，不列颠百科全书完全无法与其竞争。"此时我无法想到任何能与维基百科直接竞争的方法，"一本维基百科指南印刷本的作者说，"任何公司都无法与无限的人才库竞争，而且它还是实时更新的。"

平心而论，两者之间存在任何真正意义上的竞争，这种想法本身就是荒谬的。每天大约有 8% 的互联网全球用户访问维基百科的网站。

Alexa网站将其评为全球最受欢迎网站的第7名。相比之下，在线不列颠百科全书经常在第3 000名左右徘徊。

现在拥有数亿用户而且只需要用很少的内容来维持的社交网站都是以众包内容向大众提供廉价娱乐方式的另一种形式。这些网站创造了巨大的价值来源，同时是零售商和娱乐制作商的强大竞争对手。青少年仍然像以前那样喜欢流行歌曲和电影，但是当他们需要在看MV和在脸书（Facebook）上与代数课上遇到的那个可爱的女孩聊天两者之间做选择时，脸书必赢无疑。

在互联网之外，免费战略也越来越受欢迎，某种程度是因为在一个杂乱无章的信息世界中，"免费"二字能脱颖而出。本＆杰瑞（Ben & Jerry's）冰激凌的广告可能没给人留下什么印象，但当它免费送冰激凌的时候，便能让它在众多冰激凌品牌中突围而出。一个成功的西海岸连锁餐厅，奶酪蛋糕工厂（The Cheesecake Factory），在每个新店开张时都免费赠送很多芝士蛋糕，老店也会给顾客送上很多食物（另一种免费赠品），食物的分量足到80%的客户都会打包剩下的食物迈出大门。"让人们拿着袋子走并没有什么坏处。"该公司的业务发展和营销副总裁霍华德·奥弗顿（Howard Overton）解释道。[6]

尽管免费赠品能被战略性地用作招徕客户的方式，但它更多的是短期促销的手段。例如2008年夏天在油价飙升期间，佛罗里达州的一些商店规定：顾客每购买50美元商品，便可得到一张免费汽油优惠卡。该促销很有效。甜蜜湾（Sweetbay）超市是萨拉索塔市的一家杂货店，向消费满50美元的顾客赠送一张优惠券，顾客可以用6张优惠券兑换一张50美元的汽油卡。结果是，该商店发行了1 400张汽油卡，其销售额增长了 7.05 万美元。讽刺的是，燃气销售也是如此，尽管有赠送，汽油销售额还是涨了 45%。[7] 不仅仅是 Sweetbay，其他类型的公司，从鞋店到银行再到公寓管理公司，也做了与汽油相关的类似的促销活动。

让免费策略盛行的最后一个因素是从特殊的"零"到增长的特别魅力。作为一个价格来说，零有明显的限制，但从营销人员的角度来看，比起付钱求别人拿走东西，零再好不过了。价格为零往往能够刺激需求，就算产品原本的价格就低至一分钱也是如此。

有意思的是，比起只需花几分钱的产品，消费者实际上更喜欢不花钱的东西。麻省理工学院（Massachusetts Institute of Technology, MIT）的学者们进行了一系列试验、试图衡量出人们到底有多喜欢免费的东西。其中一个最戏剧性的试验是，他们要求 60 人在 3 种购物方案中选择：以 2 美分购买好时巧克力，以 27 美分购买品质更好的费列罗巧克力，或什么都不买。共有 40% 的人选择了费列罗，45% 的人选择了好时，15% 的人选择了什么都不买。

当价格减少 1 美分，费列罗售 26 美分和好时售 1 美分时，只有 40% 的人选择了好时。但当价格再减少 1 美分，费列罗售 25 美分，好时免费时，90% 的人选择了免费的好时，只有 10% 的人选择购买费列罗。[8] 由此可见，这种对零的偏好是如此强烈以至可以推动需求，即使免费的产品与一个价值更高的东西摆在一起。例如，当亚马逊（Amazon）在欧洲推出免费送货优惠时，曾经错误地把法国漏掉了，然后在法国定了差不多 10 美分这种可以忽略不计的价格。结果，在大多数国家，订单大幅上升，只有法国没有。人们为什么如此在乎几分钱呢？可能这就是人们对便宜货的回应：同样是降价 2 美分，对 27 美分的巧克力来说只下降了几个百分点，而对于 2 美分的巧克力而言则降价 100%。然而，沙潘尼（Shapanier）和其他人认为零这个数字有其特别之处。他们给出了 3 种可能的解释。首先是社会规范。人们把免费的东西视为一种礼物，认为这比普通产品更带有善意。这似乎有点道理。礼品长期以来一直是商业的一部分，想想集市上的茶水或面包店 1 打 13 个的面包，虽然英国面包师开始 13 个面包为 1 打的做法只是为了避免触犯 13 世纪的规范面包重量的严厉法律，但这早已发展成为美国顾客的忠诚礼物。其次，分析师认为人们在自己设定价格时会遇到困难。当人们不确定如何判断两种选择各自的价值所在时，消费者会得出结论，25 美分的巧克力可能好也可能不好，但免费的巧克力总是好的。最后，人们本能地更喜欢没有缺点的选择。对于消费者而言，零是一个难以拒绝的价格。

免费还是消失呢

对于不列颠百科全书而言，与一个更便宜更好的产品竞争不仅困难重重，而且是不可能的。正如我们在第 1 章"'自愿付费'定价"中所说的那样，当 CD 的销售额从 2001 年的 130 亿美元下滑至今天的 70 亿美元，即使是在线销售也仅增长了 15 亿美元，音乐产业必须重新思考整个商业模式。[9] 传统软件制造商也备受攻击。在文字处理和电子表等办公应用程序——这个曾经由微软（Microsoft）Office 几乎垄断了 30 年的领域，慢慢被 Google、Open Office 和其他开发者提供的免费在线基础软件侵略。微软宣布要发布自己的免费网络版本。微软已经为其 Office

产品的用户提供为期 60 天的免费试用版，在年中时还会给学生一个价值 60 美元的高级版 Office 的可下载版本，该版本平常售价约为 460 美元。[10] 一些分析师甚至认为，微软在 2008 年对雅虎的示好等于承认了由软件许可主导的商业模式无法持续。"如果微软今天必须重新开始，它甚至都不应考虑对使用其软件的用户收费，"太平洋发展投资（Pacific Growth Equities）公司的行业分析师金云（Yun Kim）说，"正确思考的人不会支持在消费者市场上向消费者收费的企业。"

信息和服务公司面临的"免费"挑战十分严重。面临快速增长的非营利组织的竞争对手，如维基百科或克雷格的名单（Craig's List）等低成本或无成本平台，企业发现自己陷入了更糟糕的困境。竞争对手的价格总是比自己的价格低 30%～50%，制造业为此崩溃了多年的时间。想象一下，如果火星人降落地球，在街上开了一家飞碟商店，有着更好的产品而且价格免费，普通的商店将持续多久？即使人多多少少会怀旧，即使他们认为普通商店在社会上还有其他宝贵的意义，但不用多久他们就会发现飞碟商店才是他们真正喜欢的。

更糟糕的是，对于付费竞争者来说，许多免费赠品都是旨在锁定客户的特定设计，是著名的"吉列剃须刀刀片策略"的变种。这个模式似乎特别适用于软件，因为更换系统的成本很高。一些开发者已经在商业模式里加入了依赖性，例如，一些开源软件公司会免费公开平台，但收取一定的软件费用。或许是对免费竞争的一种反击，微软公布了一个名为 BizSparks 的项目，为初创公司提供长达 3 年的免费软件，但之后客户必须换新系统或成为付费买家。其他类型的技术初创企业也对相同的模式兴趣甚浓，据报道，Better Place 是一家初创电车公司，计划以低价出售汽车，然后通过卖电池赚钱。[11]

对于老牌公司来说，开发免费的商业模式并不容易。然而微软的例子表明，和免费经济竞争很困难，但不是不可能。

当然，"免费"是一个难以击败的价格。为了打败"免费"，你需要向顾客付费让他们使用你的产品或服务一段时间。但是，你开始这样做的那一刻，你会发现人们会雇人全职使用该产品或服务。剩下的唯一选择是匹配"零"价格。然而，对于大多数公司来说，价格为零不是一种选择，因为他们和竞争对手的成本结构完全不同，而转换到免费模型所需进行的变化太大了。降低价格也只是延长痛苦，和我们已经看到的一样，完全免费与几乎免费存在着天壤之别。除非质量绝对糟透了，否则可靠的竞争者总能在数量上击败对手。

但是，陷入这种情况的营销人员除了重新写简历外还有其他选择。要记住免费只是一种定价策略，这一点至关重要。免费有神奇的力量，这是真的，只要你试着用对方的方法来竞争，对方也并非不可战胜。相反当你接受免费已是默认常态而想不出别的方法时，你已经输了。

报纸业面临的危机就是为什么不能"和免费斗免费"的例子。报纸业陷入了可怕的旋涡，越来越多的年轻读者在线获取新闻，而且主要获取的是免费资源。报纸的阅读量越来越少，对广告商不再那么有吸引力。报纸削减了成本，结果使它们的吸引力进一步缺失。同时，广告以令人难以置信的速度转移到互联网，报纸失去了它们在社会中的传统角色——各种商品服务买卖信息的虚拟中心枢纽的最初形态。

20年前，消费者通过报纸进行买卖，包括他们的汽车、房屋和工作。今天所有这些功能都已经转移到线上，同时可能高达报纸收入的40%也随之而去。报纸曾经是各种商品和服务的唯一市场，但是今天的报纸只是其中的市场之一，而大多数市场几乎是完全免费的。现在，正在取代报纸数十亿美元分类广告业务的是易贝（eBay）、Google，还有克雷格的名单，易贝已经发展成为世界上第一个价值50亿美元而员工仅有25人的公司。

大多数报纸都试图通过向读者提供免费在线新闻来挽留他们。这一做法颇受欢迎——一些报纸的读者比以往任何时候都多，但是这没有带来任何经济上的回报。多年来，报纸试图发展它们的在线广告业务，但到目前为止，转型不算顺利。晨星（Morningstar）公司的股票分析师汤姆·科贝特（Tom Corbett）估计，在线广告的收入增长与之印刷广告的损失相比，在线广告的收入每增加1.7美分的同时，印刷广告的收入就流失1美元。

由于广告数量减少，读者人数减少，报纸的收入已经流失。美国报业协会（American Newspaper Association）估计美国最大的报业连锁店2008年的收入平均下降了198%。一个典型的案例就是，赫斯特集团（Hearst Corporation），《旧金山纪事报》（San Francisco Chronicle）的持有者，试图削减相当于总工资47%的费用。报纸发行公司正争先恐后地寻找出路来止损——包括裁员、外包生产业务给其他国家，并将编辑业务整合集中到一个办公地点。但是这些举动除了可以争取到多一点时间外，别无效果。

他们还可以做什么呢？抵抗"免费"的竞争对手需要清晰地认识到卖方的价值所在，要求对因技术进步或竞争变化而新出现的价值主张抱有开放态度。最后，他们需要在瞬息万变的世界里找到新的定位。

借用《经济学人》（*The Economist*）里的一篇文章提出的类比并加以延伸[12]，今天的报纸有点像高档的百货商店——罗德与泰勒百货（Lord & Taylors）、瓦纳梅克百货（Wanamaker's），它们曾经是每个美国城市的焦点，而现在大部分都消失了。正如《经济学人》所指出的那样，百货商店的消亡并不能说明人们停止购物了。事实上，他们比以前买得更多，只是他们的购物习惯发生了变化。购物者有别处可去，要么是可以提供更低价格的大型商店，要么是可以提供更时尚或更高品质的高端精品店，或是提供便利的网上商家。过去20年，沃尔玛做得不错，蒂芙尼（Tiffany's）和亚马逊也做得很好。

对于新闻的定价，设定高价也许是成功对抗不要钱的最佳方式。150美元甚至50美元的订阅年费都无法赢过免费，但是每月1 700美元的彭博社（Bloomberg）终端合约或许可以。

当然，价格本身不会有这样的魔法。价格必须寄托于强大的价值主张。在彭博社的例子中，这代表着可以访问各种高达纳秒的市场数据和分析；在快速的金融市场中，这代表着操盘手需要有信息优势才能保持领先；对于报纸来说，这可能意味要向聚焦于某一主题的读者提供更多——而不是更少的——深度信息，比如报道当地的体育球队、当地人爱好或者当地重要的产业。

报纸是大众营销时代的遗迹，这种说法可能并不夸张。无论报纸订阅者是否想要阅读所有内容，每天早上都会收到相同厚度的报纸，无论他读多读少，他都会被收取同样的费用。到目前为止，报纸大多试图以减少产品线来竞争。相反，报纸可以走彭博社的路线：与其减少内容以吸引更多的受众，还不如尝试提高价值，为兴趣不同（体育、政治、爱好、古董、教育等）或者专注于特定主题的读者提供深入的分析或报告。这个策略可充分利用报纸的最大优势：高品质的新闻采访和专业的分析。此外，兴趣不同的读者应有选择内容并为所选内容支付不同价格的权利。

组织的访问权也能成为价值主张之一。总部位于波士顿的新闻初创公司国际邮报（GlobalPost），主攻外国新闻，为大多数读者提供免费新闻，但以每年199美元的价格为某些人提供特别服务。持有"通行证"的会员能接触到"国际邮报的内部圈子"。通行证会员不仅能获得独家内容，还可以和记者一起参加电话会议甚至有权提出选题。[13]

与编辑决定读者所读内容这种自上而下的旧模式不同，拥有通行证的会员在故事报道的塑造上发挥的作用前所未有。[14]某种意义上，这并不是什么新鲜事。例如，《经济学人》长期以来有一个会议部门，以满足高管们"知道内情"的需求。会议通常会有世界领袖或工业杰出人物出席，还有《经济学人》记者经常提供评论。这种模式的新奇之处，也许是这种进入杂志内部本身的愿望有被交易的价值。对于新闻机构，客户除了签单外还能帮忙制作新闻，这种做法也是新颖的。其他方式的联合也能创造出新价值，例如限制订阅量，并将其提供给满足特定条件的订阅者，这样一些专业刊物使用的控制发行模式可能会变得日益重要。出版机构对读者具体的个人资料进行选取，或将使得出版物本身成为一种明显的身份标志，就像黑卡的象征一样。

成为这个专属团体一员的机会也可以转化为重要的福利，就像一些奢侈品的买家有时会被鼓励参加集体内部聚会一样，共享相同信息源可以成为另一个重要的收入来源。大学已经在做由教授带队的特别爱好之旅，出名的记者应该也可胜任类似旅游团的导游工作。人也可用于销售特定的内容，就像电视名人厨师推销他们的餐馆或食谱一样，今天订餐，就能得到特别访谈或特别新闻报道的机会。其他各种专业团体也可以建立盈利甚高的小众市场，想象一下，如果诺贝尔文学奖获得者和《纽约时报》专栏作家保罗·克鲁格曼（Paul Krugman）创办了经济学主题的读书俱乐部，像奥普拉读书俱乐部（Oprah's Book Club）那样推荐特定的书籍，然后通过订阅讲座来讲书。也许这不对每个人的胃口，但它不需要满足每个人的需求。大卫·波格（David Pogue）或沃尔特·莫斯伯格（Walt Mossberg）等技术专栏作家可能也会有类似的机会。当然，出版物需要注意避免损害评论家的形象，但他们仍然可以多少利用一下读者对其的热情。

基于品牌和读者群体的其他交叉销售类型也有潜力待以挖掘。《华尔街日报》推出了一家新的在线葡萄酒商店，wsjwine网，它由《华尔街日报》和直接面向消费者的葡萄酒经销商 Direct Wines 合资成立。受欢迎的《华尔街日报》葡萄酒栏目的在线读者在阅读相关专栏时会被导入另一个具有类似外观和感觉的网站，专门销售高质量的折扣葡萄酒。

无论实验成功与否，未来的报纸都会与现在大有不同。最终，它的演变过程可能与电视网络类似。30年前，当地新闻节目和全国新闻节目共存，几乎所有地方电视台上的节目都附属于国家网络。全国电视新闻节目是生活的一部分，人们很难想象一个没有它们的世界。然后有线电视出现了，CNN和它的模仿者平地而起。低成本的本地新闻频道也在增加，具有特定意识形态倾向的新闻台，如保守的福克斯新闻频道（Fox News）如期而至。在商业新闻中更专注于股票市场的美国消费者新闻与商业频道（Cosumer News and Business Channel，CNBC）也出现了，其刚好在看股票和玩股票成为国民大势的时期打入市场。

诚然，大多数频道对用户是免费的，无法想象不同的商业模式会怎么样。最后，消费者愿意花多少钱取决于新闻提供者可以创造出多少独特的价值，以及如何包装这种价值。此时此刻，报纸的未来都只能靠猜测。随着我们不断深入信息时代，我们会发现一个讽刺的现象，过去150年最主要的信息来源之一正在变得越来越不重要。然而，报纸的灭亡不一定是无法避免的。

无论报纸行业发生什么变化，我们都可以相当肯定地说，报纸如果要在免费之境中生存，需要做好两件事。首先，他们需要针对合适的客户提供合适的信息和服务，而且必须比其他渠道提供的信息和服务的质量更优越。在遍地都是免费信息的信息时代，提高与消费者关注的话题相关的信息质量日益重要。其次，在特定时间在读者家门口送去同样的报纸的发行模式需要采用新的数码技术，让读者能够灵活选择内容、交付时间和手段，使服务增强互动性，价格变得个性化。

仍然没有免费的午餐

免费可以是一个强大的策略，但它没有魔法。

免费策略的"枷锁"与普通定价方式一样：公司必须从中获利。即使成本近乎为零，某人在某地、某时必须支付费用以保持产品上架，世界上没有免费的午餐。然而，正如我们在本章中所看到的，现代技术已经为这个句子后面增加了新的可能：世界上没有免费的午餐，除非其他人拿起了价格标签——或者顾客在之后的晚餐中支付更多费用。

从理论上讲，只要乘客同意，收看3个小时的电视购物节目就能抵掉一张机票的价格，这样的做法没有什么问题。但最终，飞行中的电视购物节目不足以保持航空公司的运行，正如免费赠品不足以支托起一个经济。迟早，免费赠品只有在广告赞助商赚钱的前提下才能存在。不管交易方式是多么高超，它都不能逃避免费午餐的定律。正如彼得·德鲁克（Peter Drucker）曾经说过那样，利润是生存的代价。迟早，所有这些免费鸡翅的钱都必须由某人购买啤酒的钱来付。

参考文献

[1] Hal Varian on How the Web Challenges Managers, McKinsey Quarterly, Jan.2009.

[2] Alexa 网站, September 24, 2009.

[3] Quantcast 网站, September 26, 2009.

[4] McNaughton, John. Media: Wikipedia isn't perfect but it's very, very impressive, Observer(7 October 2007).

[5] Bond, Gwenda. Fighting Facts and Figures: Wikipedia's the Elephant, Publisher's Weekly(May 12, 2008).

[6] Kovsky, Ed. Cheesy: What Can the Boise CheesecakeFactory Teach You About Marketing Strategy? Plenty, The Idaho Business Review(December 25, 2006).

[7] Ray, Russell. Hey There, Want Some Free Gas? Tampa Tribune Business News(July 9, 2008).

[8] Shampanier, Mazar, and Ariely. Zero as a Special Price: The True Value of FreeProducts, Marketing Science(November 2007): 746.

[9] How about Free? The Price Point That Is Turning Industries on Their Heads, Knowledge@Wharton(March 4, 2009).

[10] Richtel, Matt. Facing Free Software, Microsoft Looks to Yahoo! New YorkTimes (February 9, 2008).

[11] How about Free? The Price Point That Is Turning Industries on Their Heads Knowledge@Wharton (March 4, 2009).

[12] Tossed by a Gale, The Economist (May 14, 2009).

[13] Hilton, Jodi, A Web Site's For-Profit Approach to World News, New York Times (March 22, 2009).

[14] Worldpost 网站, marketing materials.

第 3 章

价格战的艺术

* * * * *

"是故百战百胜,非善之善者也;不战而屈人之兵,善之善者也。"

——《孙子兵法·谋攻篇》

营销专家通常认为价格战是孤注一掷的，是一种绝望或疯狂之举。[1]价格战被视为一种"核武器"，一种不仅能快速摧毁敌人，还能毁灭自己，甚至摧毁整个行业的利润的方式。从20世纪80年代美国人民捷运航空公司（People Express）的机票大战，到20世纪90年代后期网络公司做出的各种减价政策，有充足的证据证明传统智慧好像是对的。《财富》杂志有一篇旧文章说："价格战对什么有利？完全没有。"[2]面对价格战，大多数专家都一直同意最好的回应就是说不，他们说："逃避破坏性价格战最好的方法就是不要开始价格战。"[3]

但有人却忘了把这个体验传播至世界上增长得飞快的工业强国。在过去的15年里，有数百家公司已经在很多行业里进行过大规模的价格战了，包括家电、个人电脑、手机、电信设备、航空业，还有最近的汽车行业。当然，有些企业大家并不看好，它们也在价格战中倒下了。但是，让人吃惊的是，很多公司仍然蓬勃发展，尽管在激烈的价格战里它们将价格降低了50%。在这种情况下，一些公司甚至从一个小规模的公司，成长为一个产业的全球领先者，而这很大程度上归功于持续的价格战。

它们的成功很容易被视为一种达尔文式的争夺结果，只有一些幸运的公司幸免于难。也有公司可能看起来像赢得俄罗斯轮盘那样运气好，至少坚持了几轮价格战。但事实并非如此，仔细看看这些公司就不难发现，他们明确知道他们在做什么。事实上，15年来，一些企业重新定义了价格战，彻底把孤注一掷转变成为一种艺术。

为什么一些企业喜欢价格战

尽管一些企业主导的价格战已成为营销人员熟悉的恐怖现实，许多从业者和定价专家们仍然对于这些企业为何如此热衷于玩这么危险的游戏感到不解。"为什么他们不能只降价10%甚至20%？"许多营销人员抱怨，"那样，他们可以保持他们的价格优势并做得更好"。

这是一个很好的问题，但很少有营销学者认真地寻找答案。学者、记者和高管，所有人往往忽略以某些企业为首的价格战是一种故意策略的结果，而将其视为市场无形之手的作用，一种低成本商品充斥于高价市场的必然结果。这种现象曾经被《商业周刊》报道。[4]虽然很多人很容易看到货架上都是廉价的商品以及被盲目毁掉的价值，事实却相差甚远。

仅仅出于文化原因，一些企业管理者对价格战的态度可能更开放。有些管理者倾向于像军事一样的商业竞争。在一个高管经常以兵法为灵感而制定战略的环境下，企业对价格战的看法的不同应该不会让人觉得惊讶。某些高管一般把商业领域说成"战场"，这不是比喻。

商业与战争之间的这种心理联系不仅仅是企业高管的一种习惯性行为。大众媒体已经把赢得价格战的"将军"称为英雄，并广泛报道其著名的价格战事迹。如果在一家报纸数据库中以"价格战"为关键词搜索，你会发现在过去的10年中，关于这一主题的文章超过1.3万篇，其中很多发起价格战的企业高管被称为勇敢果断的"将军"。

然而，一些营销战略顾问发起价格战的主要原因与兵法或在市场战场上获得的荣耀没有任何关系。这是因为有很多公司已经了解到，当面对许多年轻的国内竞争对手，或那些成熟的、经济实力更强大的国外竞争对手时，价格战可以作为撼动对手、在短期内占据一席之地的方式。

价格战的成功应归功于战略和受益于好运？以某些企业为例，如果对20世纪90年代早期的两场价格战进行详细研究的话——一是彩电制造商，二是微波炉制造商——可以发现，在价格战中取得成功可不只是好运这么简单，一些企业的机智被掩饰于价格战的狂热之下。

彩电制造商的价格战

1996年年初，中国彩电业务高度分散。国内有130家彩电制造商，大多数一年销售量不到12万台，只有12家企业年销售量超过50万台，其中4家年销售量超过100万台。因此，大多数制造商运营效率低下，而且很少有企业能够创造规模经济。但是，由于地方支持，这些企业得以有喘息的机会。对于雄心勃勃的彩电企业负责人来说，这种本地支持让他们在这场比赛中既难输也难赢——因为自己有本地保护所以不会输，但由于对方也受到保护所以也难以获胜。画地自限的彩电制造商无法通过进入其他区域的市场或寻求兼并收购来创造规模经济。

上游的高端销售之路同时受阻。当时，中国的彩电市场有两个档次。国外品牌服务于市场高端部分，并比本地品牌的价格高20%。尽管价格昂贵，国外品牌，尤其是日本品牌，在中国特别是城市市场中仍占据主导地位。虽然质量上本地品牌与国外品牌旗鼓相当，但本地品牌通常在低端市场上相互竞争，拥有进口产品的人很少会考虑本地品牌。

本地彩电制造商的生存空间开始变得拥挤。1996 年，小屏幕彩电的进口关税从 60% 下调为 50%，大屏幕彩电的进口关税从 65% 跌至 50%，这对中国的彩电市场产生重大的冲击。另外，看中巨大市场潜力的国外制造商在中国大量投资，全球十大彩电制造商都在迅速扩大当地的生产能力。分析师估计，如果国外制造商按计划执行，两年之内产能将增长到 1 000 万台。经验丰富及资金充足的国外企业估计会通过便宜的国内劳动力生产出优质产品以填满市场，之后本地品牌就出局了。一家国外彩电大制造商曾预测，3 年后，他会打败当地最大的竞争对手——长虹。

但长虹自有计划。

长虹的 17 条生产线都集中在一个地方，经营着国内规模最大、效率最高的彩电生产厂。它的产能当时至少是中国国内彩电第二制造商的两倍，同时，长虹也是塑料注件、电子零件和遥控器等许多电视关键零部件的最大制造商。位于中国四川省，作为一家高度垂直整合的公司，长虹享有巨大的成本优势，其利润在所有国内彩电企业中占据首位。长虹的净利润率接近 20%，远远领先于大多数国内竞争对手。

尽管已经是国内最强的彩电制造商，长虹并没有沾沾自喜。长虹前首席执行官倪润峰，在 1995 年年末和 1996 年年初花了几个月的时间重新制定了提高公司市场份额的策略。包括倪润峰在内的高层管理人员和定价专家一起，在各个地区开展市场调研，并仔细研究了调研数据。通过这些访谈、调查和分析，他们共同得出了令大多数营销人员吃惊的结论：他们需要发动价格战。

尽管对于西方企业来说，这无比冒险，但这其中的逻辑其实很强大。在国内，价格战会把国内小型，低效率的彩电制造商推向悬崖边缘：他们要么削减价格遭受重大的利润损失，要么维持价格遭受重大的销量损失。无论怎样，他们要生存都很艰难。

大幅降价也会套牢高价溢价的竞争对手。如果他们远离价格战，长虹会获得市场份额；如果他们反击，他们会从忠诚的高端客户那里白白少收很多钱，同时难以用销售额的增加抵销其利润损失，放弃了抵抗长虹的成本优势。而且，这对他们来说有侵蚀品牌资产的风险，并会破坏他们作为高价产品的品牌形象。这还是在假设国外巨头企业有时间决定是否招架的前提下可能出现的情况。长虹认为，鉴于国外公司的定价结构和这样一个重大的战略决定需要得到总部批准——这可能是一个漫长的过程——许多国外公司甚至不会有机会回应。

长虹信心如此雄厚还有其他的原因。长虹是在中国首家上市的彩电制造商，在国内市场上，它拥有很高的品牌知名度和优良的品牌形象。与本地其他品牌相比，它的成本也较低。长虹还有一个优势，虽然是一时的。1996年年初，长虹有大约100万台的库存，总值估计超过20亿元人民币。长虹的效率受到了庞大库存的影响，但是，这种现成的大量库存为长虹发动价格战而刺激销量提供了充足的"弹药"。

那时，如果需求增长，要提高产能，长虹比其他任何国内竞争对手准备得都充分。作为国内最大的彩电制造商，长虹与电视行业里关键零部件的供应商建立了非常密切的联系。长虹发动价格战后，生产线仍然有可靠的关键零部件供应，对于当时市场饱和的彩色电视显像管来说尤其如此。根据一项调查估计，1996年年初，8家当地的显像管制造商合计拥有 125 万件库存，而长虹可以利用这些大量的库存迅速增加产量。

最后，在 1996 年年初，中国的彩电销售大战即将爆发。随着彩电价格的大幅下降，市场需求显著扩大，长虹对于新的需求志在必得。经过认真分析，长虹高管得出结论，不需要大幅降价，价格战也可以很有效。10% 的减幅让长虹和国外品牌的价格差距扩大至约 30%（在开始价格战之前，本土品牌和国外品牌之间的价格差距约为 20%），并将许多国内竞争对手逼入亏损状态。

鉴于之前 20% 的净利润率，长虹完全能承受得起 10% 的降价。

1996 年 3 月 26 日，长虹打响了第一炮，宣布了所有 17～29 英寸（1 英寸≈2.54cm）彩色电视的价格下降 8%～18%，降价幅度为 850～1 000 元。

价格战的推进与长虹所预期的无差。所有国内彩电制造商，尤其是小型彩电制造商，对长虹的降价行为感到震惊和愤怒。然而，他们在行动上犹豫了，最初大部分本地的企业都决定不参与价格战。如长虹所预期的一样，大部分企业都被打了个措手不及，他们对降价毫无准备，也不知道该如何回应。许多企业也低估了价格战可能带来的影响，因为不同品牌占领了不同地区的市场。一些企业，如熊猫和上海广电集团等，成本高、利润薄，根本无法承受 8%～18% 的降价。直到 1996 年 6 月 6 日，国内其余四大企业（康佳、熊猫、上海广电集团和牡丹）才有所行动。康佳的降价幅度高达 20%。

国外品牌对长虹降价的回应也一如长虹所预期的那般。索尼（Sony）和松下（Panasonic）两个领先市场的品牌，还是决定走高端路线：它们将专注于质量和功能，而不是价格。如果是那些它们的品牌已深入人心的成熟市场，这也许可行，但是在快速变化的中国，这是个错误的判断。

一些国内制造商在深思熟虑后做出了回应。TCL集团，一家中型彩电制造商，是第一个作出回应的制造商。1996年4月1日，它宣布降价120～300元。另一家中型企业厦华宣布降价10%。但是，由于容量限制和关键零部件短缺，长虹的大部分竞争对手只能给小型电视降价。

最后长虹还获得了一个额外的收获。长虹发起价格战的决定在全国范围内引发了一大波讨论，使其知名度不断提高，这对其销售带来了非常积极的影响。

开始价格战几个月后，长虹的整体市场份额从16.68%增加到31.64%，25英寸彩电的市场份额从20.76%增加至45.25%，29英寸彩电的市场份额从14.37%增加到17.15%。而没有与长虹价格匹配的国内彩电制造商的市场份额明显减少：熊猫的市场份额从7.6%下降到5.8%，上海广电集团的市场份额从5.5%下降到2.6%。灵活多变的企业则从中受益，一些迅速跟着长虹降价的中型企业，特别是TCL和厦华，市场份额增长超过2%。同时，许多小型本土企业（年销售量低于20万台）损失不小。1996年第一季度，中国最大的100家百货商店在售59家本土品牌的彩电。到4月份，这个数字下降到42，而小型本土企业的总市场份额下降超过15%。

国外品牌也受到了影响。在开始价格战前，进口和合资产品占市场份额的64%。到了1996年年末，本土品牌的市场份额从36%增长到约60%。到1997年，中国十大畅销电视品牌中的8个都是中国本土品牌。前三名都是本土品牌，即长虹、康佳和TCL，其所占市场份额分别为35%、15%和10%。中国十大畅销电视品牌中只有两个国外品牌，即松下和飞利浦（Philips），但这两个品牌分别仅占5%的市场份额。

毋庸置疑，媒体把长虹首席执行官倪润峰描述成一个英雄。

微波炉制造商的价格战

微波炉制造商格兰仕的经历也表明了价格战是精明的,而非一时幸运。

1995年,不到2%的中国城市家庭拥有微波炉。那时,微波炉是一个奢侈品,那一年微波炉的销售量约为100万台。当时微波炉制造商的利润率非常高(30%～40%),被吸引入场的企业多到不可思议。1995～1996年,仅一年间,微波炉制造商的数量从28家增加到116家。

格兰仕于1992年开发微波炉业务。1994年,该公司占有了10%的市场份额,年销售量约为10万台。表3-1所示为格兰仕1995～2003年的销售信息,到1995年,这家广东公司的市场份额上升至25.1%。通过招聘战略吸引来自中国各地的人才,格兰仕变得强大起来。它从日本购买了一条先进的生产线,有能力快速响应市场变化和迎接其他新机会。

表3-1 格兰仕1995～2003年的销售信息

年份	销量(万台)	国内市场份额	国际市场份额
1995	20	25.1%	
1996	65	34.5%	
1997	200	47.6%	
1998	400	61.4%	15%
1999	600	67.1%	20%
2000	1 000	76.0%	30%
2001	1 200	70.0%	35%
2002	1 300	70.0%	40%
2003	1 600	68.0%	44%

该公司1996年的主要竞争对手是惠而浦—蚬华(W—X),一家由惠而浦(Whirlpool)和规模可观的中国制造商蚬华电器制造厂于1995

年5月共同成立的合资企业，惠而浦大量控股。1996年年初，格兰仕和W—X各拥有约25%的微波炉市场份额，远远超过其他小型微波炉制造商。然而，相对于W—X，格兰仕有一个明确的优势：这是一家更专注的企业，具有简化的决策过程。相比之下，中国对惠而浦来说是新的（惠而浦于1994年年末进入中国），它仍在学习中国本地文化。惠而浦在4个不同城市和4个不同的中国合伙人，以4种不同的产品类别（微波炉、空调、冰箱和洗衣机）成立了4家合资企业。不难看出，它在运营中遇到了很多问题，无法给予W—X足够的重视。此外，惠而浦的中国总部、亚太区总部以及美国总部必须逐一批准W—X的关键决策，层层审核的过程往往长达3个月。

尽管有明显的优势，格兰仕的高管直到1996年8月都没有采取任何行动。格兰仕的高管们就发动价格战的风险和利益进行了长时间的激烈辩论。当时大多数高管都反对价格战策略并且倾向于保持当前的高利润这个更安全的策略，但最后，首席执行官做出决定：他支持少数人的看法，并命令他的团队为价格战做准备。

虽然该公司肯定处于健康的成长轨道，但格兰仕出于多种原因还是做出了这个决定。首先，许多中国家庭已经准备好要让他们的厨房变得更摩登，因此他们需要购买微波炉以及其他新电器。格兰仕的决策者意识到，专注于高端家庭和高利润可能会阻挡公司未来对巨大新市场的开发，他们估计大幅降价可使销售量翻倍。

其次，作为中国最大的微波炉制造商之一，格兰仕看到了行业重组可以实现可持续发展的机会。格兰仕前副总裁俞尧昌回忆说，开展第一次价格战的目的之一就是重整行业，在小型、低效的对手壮大之前就将其边缘化，也可以阻止更多的新人进入。反之，维持高利润率策略会吸引更多的新人加入和隐藏未来行业将效率低下的事实。

最后，也许是最重要的，精心策划和执行的价格战可以帮助格兰仕在市场上建立成本优势。除了为格兰仕赢得更大的市场份额外，公司销售量的大幅增加可以通过生产、分销及组件采购的规模经济来降低单位成本，但公司需要确保效率提高后产生的效益能超过降价带来的亏损，并增加盈利。格兰仕相信如果能准确仔细地策划并执行价格战，此路可行。

发起价格战前两个月，格兰仕的生产线按全天24小时3班制的时间表运作，确保有足够的库存来满足预期的需求。格兰仕选择从1996年8月开始价格战，因为8月是微波炉销售的淡季。那时候，制造商通常会减少生产和经销，在年中低迷的时候发动价格战会让他们的竞争对手措手不及。

1996年8月，格兰仕宣布旗下一些关键型号大幅度降价40%，平均降价达到20.1%。中国所有的主流媒体都报道了格兰仕拉开降价帷幕的消息。零售商高举双手欢迎价格战，因为这可以给他们带来人流量进而销售更多的其他产品。许多零售商在价格战期间甚至愿意降低格兰仕产品的利润率，只收取8%而不是通常的20%，以进一步提高人流量。

而竞争对手毫无准备，陷入一片茫然。

对于一些竞争对手而言，格兰仕的降价幅度甚至高于他们自家产品的净利润。大部分的小型制造商没有迅速回应，因为他们觉得格兰仕只是在淡季倾销多余的库存。不出所料，W—X的反应也很迟钝。

第一次价格战的结果对于格兰仕来说好得不能再好了。在发动价格战之前，格兰仕的净利润率接近40%；发动价格战后，销售量增加了约

200%，平均单位成本缩减约50%。规模和市场份额的同时增加代表格兰仕实收的净利润在降价后还有所增长。即使对于那些降价幅度大于初始利润率的产品，由于成本的降低，格兰仕仍然获利。到了1996年年底，格兰仕的市场份额从25%增加到34.5%。

第一次价格战的巨大成功让格兰仕的高管们坚信，精心策划的价格战是一个可行的战略，短期长期兼可。从1997年10月到2000年10月，格兰仕共发起了4次价格战，并且每次都执行得越发熟练。在每一轮中，格兰仕都大幅降低价格——有些高达售价的40%，销售量的增长也很可观，达到100%～200%。因此，企业的领先地位越发明显（见表3-1）。在每一轮价格战中，格兰仕都实现了平均单位成本减少30%～40%，让价格战的代价几乎为零。因为这些胜仗，媒体将格兰仕视为一支不可战胜的"军队"，其高管则被称为"常胜将军"。

这些降价的数字看上去似乎是随机的，但事实上格兰仕的高管们对于降价的计算如手术刀般精准，最大限度地削弱了竞争对手。自第一次价格战以来，格兰仕就采用了一种简单而系统的方式来设定其价格来推动销售量增加。在价格战之前，它一直将价格定在竞争对手的收支平衡点上，例如，如果第二个竞争对手的年销售量为200万台，格兰仕就把价格定为200万台销售量下，收支平衡的价格。在价格战期间，格兰仕将价格降低到竞争对手的收支平衡点以下，但仍高于自身的收支平衡价格。使用这种策略，格兰仕总是成功地让强大的竞争对手不愿意降价，同时从弱者那里占领市场份额。格兰仕的降价战略取得了圆满成功，1996年市面上约有120家微波炉制造商，到了2003年，三大微波炉制造商占据了超过90%的市场份额。

价格战失衡至失败

价格战并不总是一个成功的策略,也有公司因一时冲动的价格战给自己和行业带来毁灭性的打击。但是这些案例证明,如果有远见和技巧,价格战在适当的时机下会是一种有效的营销策略。

什么是适当的时机?格兰仕和长虹的高管们的计算方法和一个西方高管熟悉的理论相吻合:增量盈亏平衡分析(Incremental Break-Even Analysis,IBEA)——一个简单设定价格的公式,如图3-1所示,这个公式中包含了高管计划、执行和发动价格战所需知道的所有知识。

Δq:收支平衡的销售量增长百分比。
Δp:降价幅度。
cmr:边际收益率(降价之前)。
Δc:通过降价减少边际成本的百分比。

$$\Delta q = \frac{\Delta p - (1-cmr)\Delta c}{cmr - \Delta p + (1-cmr)\Delta c}$$

图3-1 增量盈亏平衡分析

价格战始于一家公司开始大幅降价,像长虹之于彩电和格兰仕之于微波炉。当一家公司开始降价时,它预期从更高的销售量中受益,效果有可能立竿见影也可能在长远的未来中才能看见。从短期来看,只有销售量增加公司才能受益,销售量的增加能抵消单位产品损失的利润。这就是 IBEA 适用的原因——确定需要增加多少销售量才能弥补因降价而损失的利润。

格兰仕就是很好的案例。在规划第一个价格战时,格兰仕将其产品的价格降低了 40%。那时格兰仕的边际收益率(contribution marginratio,cmr)约为 40%,即 cmr = 40%。该企业预测降价可能会产生足够的销售量来节省单位成本(节省 30% ~ 40%),即平均 Δc = 35%。把这些数字都代入公式中,很明显,如果降价 40% 而产品销售量增加多于 90.5%,格兰仕的利润将会比降价前高。这里面,Δq = 90.5% 为格兰仕从 40% 降价中获利的销售量的增加阈值。格兰仕预计其销售量将增长 100%,因此,发动价格战是合理的——结果确实很成功,销售量上升了 200%。

整个价格战艺术都隐含在 IBEA 公式中。图 3-1 的公式说明,如果 Δq 值较小,大幅度降价发动价格战就更有吸引力。因为如果 Δq 值小,一家公司不需要大费力气地提高很多销售量就能从降价中受益。因此,如果我们能找到 Δq 值小的行业,我们就能预知这是价格战更加容易发生的行业,因为这些行业的公司有更大的动力将价格作为武器。

IBEA 分析揭示了一个发起价格战的重要事实。虽然价格战经常被认为是一种"黑马"策略,这个战略实际上由高效率企业在高利润率产业中发动时最有效。如果初始利润率很高,只要小幅增加销售量,公司就能从降价中获益。这也解释了为什么最初的价格战发生于彩电和微波炉制造商,以及为什么随后所有的价格战都发生在高利润的行业,如电子产品、家用电器、个人电脑、手机、电信设备、有线电视和汽车等。

该公式还阐明了规模在价格战中的作用。当边际成本的减少(公式中的 Δc)变大时,达到收支平衡所需的销售量增加百分比(Δq)会下降,这意味着价格战更有可能在规模经济的行业中爆发。

如果其他条件不变的话，边际成本下降（Δc）更多，收支平衡点（Δq）会更低，这表明懂得利用规模经济的公司更可能发动价格战。长虹和格兰仕都是有意识地巧妙地利用规模经济来谋取利益的。在产品大同小异的行业中，价格战更有可能发生。在产品高度差异化的行业中，消费者需要巨大的动力才会由一家公司转向另一家公司，这将导致发起价格战的公司很难扩大自己的销售量，从而很难在价格战中取胜。当行业中的产品变得标准化，进一步的技术创新和质量改进空间很小时，价格战频发。

一家公司必须增长足够的销售量来抵销单价上的损失，才能从大幅降价中受益。我们可以通过研究企业如何增加销售量来进一步钻研价格战的艺术。一家公司可以从3个方面跨越销售量增长的门槛：一是通过显著的市场份额增加，二是通过显著的行业需求增加，三是两者兼而有之。因此，公司在规划和执行价格战时可从多方面入手。

首先，在某种程度上，小公司更容易提高市场份额。使用价格作为武器发动价格战对于市场份额较小的公司来说更有利，而市场份额大的公司可能对于是否发起价格战需要再三思考。因此，我们很少看到在市场中占主导地位的公司主动发动价格战。

其次，时机也很关键，如果对手不愿或者无法快速反击，公司提高市场份额的机会更大。笨手笨脚、不情不愿的回应手段只会给主动发起价格战的公司填补分销渠道和占领新销售区域的时间和空间。如前所述，长虹和格兰仕在发起价格战都仔细地考虑了对手的反应并抓住了打响头炮的最佳时机。

然后，即使竞争对手迅速做出反应降低价格，精明的公司如果准备得充分还是可以提高市场份额。当竞争对手降低价格时，手上有货的公司就会赢得市场份额。一个准备进行价格战的公司，会先增加库存、加快生产、转移战略资源、确保分销渠道或提高其生产能力，使公司具备提高市场份额的条件。长虹和格兰仕在价格战开始前都做了精心准备，让对手措手不及。

最后，企业可以将低效率者淘汰出局以获得更大的市场份额。每场价格战都会让行业中的每一家公司如临大敌，当效率较低的公司败下阵来，幸存者就会瓜分它们的市场份额。显然，这个因素对长虹和格兰仕来说至关重要，他们做了明确的计算来重整他们各自的行业，并实现了这一目标。纵观这个动机一再成为价格战的原因，主要是市场相对年轻，其行业众多，运营效率和技巧参差不齐。

通过许多价格战，高管也认识到，要淘汰那些不具成本效益的公司，他们并不一定需要打一场长期的、残酷的价格战，一个"下马威"就可以迅速让低效率的竞争对手意识到走投无路而自动投降。长虹和格兰仕在计划和执行价格战时也考虑到了这一点。这就解释了为什么一些公司的定价比竞争对手低30%～50%，而不是像当他们进入国外市场时，绅士般地比竞争对手低10%～20%。但是，公司即使不用价格战来增加市场份额也有其他理由发动价格战。另一个让企业考虑发起价格战的重要因素是产品总需求的变化。当价格战爆发时，即使所有竞争对手的效率相同并削减同样的价格，没有公司能获得任何额外的市场份额。但是如果产品总需求增加，那么公司仍然可以从价格战中受益。在西方，人们往往会忘记那些微波炉、彩电、冰箱等日常产品快速增长的日子，尽管这些产品需求是具有价格弹性的。但在中国，这类消费品的生产仍然是具有高价格弹性的高增长业务，降低受欢迎的消费品的价格，新消费者会快速涌入市场。

出于这个原因，在未来几年，随着增长水平的下降，我们预期会更少看到价格战，企业会更多地关注价格以外的竞争。

价格战的两大原则

据我们所知，高管用来计划和执行价格战的计算方法并不是一些国家特有的。事实是，一些国家的企业的成长环境具备市场不断增长、企业效益参差不齐、规模经济和新技术的特征——这是完美地发起价格战的土壤。类似情况经常发生在其他新兴市场中，甚至不一定是另一个庞大的新兴市场。任何重大技术创新都可能导致行业内规模经济的巨大差距。例如，爱沙尼亚的工程师发明了Skype，刚开始它就跟玩具一样，但现在它已经削弱了普通电话甚至视频电话的市场份额。

价格战并非适用于所有企业。在西方市场，成熟市场中平等竞争的寡头垄断需要更加微妙的市场营销策略。然而，与任何其他战略一样，价格战可用于特定情况。当机会出现时，一家公司可采取理性的方式来计划和执行价格战。

防守者也不要气馁。在价格战面前，高利润公司可以预测未来并且加以防范。这样的方法也可以十分成功。例如，菲利普·莫里斯公司（Philip Morris）对普通品牌会很快降低香烟价格而有所担心，而且知道美国雷诺烟草控股公司（R. J. Reynolds Tobacco Company）由于杠杆收购而债务沉重，利润率很低。于是菲利普·莫里斯在1993年4月将价格降低了20%，有效地缓解了未来可期的新旧竞争。

IBEA给出了价格战的两大原则。

第一，如《孙子兵法》所云，上兵伐谋以达到"不战而屈人之兵"。将此运用到价格战上，即是要阻止竞争对手开始和受益于价格战。企业可考虑采用以下两种方法：一是提高竞争对手的门槛（Δq），防止他们考虑降价这个可能性；二是使自己的产品差异化，这样就难以被竞争对手替换。

第二，如果必须打一场价格战，不要只采取防御的姿势。《孙子兵法》说得好："无攻无以制胜，无防无以自全。"按照IBEA的理论，公司应该始终力争上游，争取从不断增长的消费者需求（Δq）或重新分配的市场份额中获益。

参考文献

[1] Much of this chapter is adapted from the paper "The Art of Price War: A Perspectivefrom China" by Z. John Zhang and Dongsheng Zhou(2007).

[2] Henderson, David. What are Price Wars Good For? Fortune(May 1997), 135(9): 156.

[3] Rao, Akshay R., Mark E. Bergen and Scott Davis. How to Fight a PriceWar, Harvard Business Review(March/April), 107–120.

[4] Engardio, Pete and Dexter Roberts. The China Price, BusinessWeek(December 6, 2004).

第 4 章

小　钱

*****

"积少成多。"

——佚名

大家都不喜欢斤斤计较的人。英语中大多数由"便士"（penny）组成的短语都包含着满满的不屑：吝啬（penny-pinching）、小事聪明大事糊涂（penny-wise and pound-foolish）、微不足道的小事（penny-ante）、呆呆地想什么（a penny for your thoughts）——几乎没有人对最便宜的"便士"有什么好话。但如果因此忽视一分钱那可就大错特错了。有些最具创新性的定价策略，还有最大的商机，就是在一分钱上大做文章。

穆罕默德·尤努斯（Muhammad Yunus）的经历就告诉了我们一分钱的价值所在。这位孟加拉国发展经济学家于2006年凭借其在1976年时提出的见解获得了诺贝尔和平奖。受过美国教育的尤努斯教授在担任孟加拉国一所大学的经济学讲师时就开始寻找帮助这个极度贫穷的国家发展的方法。在详细采访了42名贫困村民之后，他发现，如果借给他们27美元，他们全部能大幅提高收入。于是他借钱，然后等人还钱；之后借更多的钱，等人还更多的钱。他试图找到一家能大规模发放小额贷款的银行，但银行家都说："哦，你是个傻瓜。他们会偿还这次的钱，但当你能借给他们更多钱的时候，他们就不会还了。"他被告知，之前他借出去的钱之所以会被偿还，是因为借款人都来自他认识并交谈过的一个村庄。于是他从一个村庄发散到两个村庄，到5个、10个、20个、30个、100个村庄，每一次都成功了。每一次银行都在等待整件事情失败，但事实并非如此，小额贷款业务反而越发壮大了。[1]

当时，这个想法对他接触的银行家来说一定是荒谬的——也许是高尚的，但是真的很可笑。银行家习惯了处理大交易和接待穿西装的客户，更重要的是，传统银行业务以抵押为基础。银行业最古老的笑话之一就是银行家喜欢贷款给不需要钱的人。如果借款人没有任何东西交给贷款人作为担保，除了保证付过高的利率之外，借款人还能保证什么？但尤努斯证明他们错了。他发现了在特定情况下，穷人会偿还贷款。首先，他的竞争对手为市场增添了一些纪律。当地与他相争的放债人收取的利息从每月10%到每天20%都有。其次，他借钱的那个小圈子里，女性会保证彼此的信誉，这无形中成为一种抵押制度的替代品。无论是因为这些团体提供了一种评估信用风险的方法（事实证明，女性的信用风险更高），或是因为这些团体创造了一种将社会资本变成一种基于声誉的非货币抵押品，这确实管用，而且尤努斯确实拿到了还款。[2]

尤努斯的经历也不是孟加拉村庄独有的。世界银行小额信贷部门最近的研究发现，尤努斯的格莱珉银行（Grameen Bank）和其他1 000多家小额信贷贷方销账的金额不超过3%。虽然全球经济衰退对小额信贷有所影响，但小额信贷仍然比许多投资组合表现得更好。销账从经济危机前的1.2%上升到2%～3%——与大多数传统银行相比这个数字仍然很低。[3] 小额信贷机构的平均回报率为2.8%，[4] 但这只是平均回报率，这个数字很低，部分原因是许多小额信贷机构是以非营利为基础运作的。那些追求利润的机构，回报率要高得多。在大多数大银行都亏损数十亿美元的2008年，总部位于马里兰州贝塞斯达市的Microvest基金持有7 000万美元的小额信贷，Microvest的首席执行官吉尔·克劳福德（Gil Crawford）2009年2月说，他的基金回报率为20%。"这达到了我们的目标。"他说。

如今尤努斯的格莱珉银行和其他数以千计的小额信贷机构已经成为一个庞大的行业,并在不断壮大——起码在客户的数目上是这样的。就算每次只借几块钱,他们现在的客户数每年高达 1.5 亿多人,其中 1 亿是那些最贫穷的人,日均生活费不足 1.25 美元。金融业分析师曾预测,小额信贷机构到 2015 年将拥有超过 2 亿客户——这仅仅是开始。德意志银行(Deutsche Bank)在全球小额信贷上的投资超过 40 亿美元。据预测,尽管小额信贷组织现已有 150 亿～250 亿美元的未偿还贷款,但全球小额信贷的需求可能高达 2 500 亿美元。[5]

对前景表示乐观的并非独德意志银行一家。密歇根大学商学院教授普拉哈拉德(C. K. Prahalad),在他影响力巨大的《金字塔底层的财富》(*The Fortune at the Bottom of the Pyramid*)一书中写道,世界上最贫穷的 40 亿人其实是经济增长的源泉。"如果我们不再将穷人视为受害者或负担,并开始认识到他们是有毅力和创造力的企业家,是有价值意识的消费者,那么我们将有一个打开新世界大门的机会。"[6]

普拉哈拉德认为,西方公司未能在发展中国家开拓更多的生意,并不是因为这 40 亿人在金钱上的贫乏,而是因为西方企业想象力的贫乏。他写道,只需重新包装不同尺寸的商品或以某种方式重新构想服务,使价格在最低收入阶层消费者的承受能力之内,就可以开启一个供不应求的巨大市场。例如,在印度,一些消费品制造商已经了解到微型尺寸的优点。普拉哈拉德说,单次使用的产品是一个巨大的市场,让穷人在现金有限的情况下,能够买得起洗发水或肥皂。以其他方式重新定义产品也可以开创新市场。伊克巴尔·卡迪尔(Iqbal Quadir)是孟加拉国的一家移动电话服务公司的创始人,该公司现在由格莱珉银行部分控股。他发现了虽然孟加拉国的很多人无法拥有手机，但他仍然可以建立一个手机网络——他只需要向村里的妇女提供手机，她们就可以自营付费电话服务。[7]

这可不只是做慈善。每一分钱加起来就可以创造巨大的商机。普拉哈拉德估计世界上最贫穷的这40亿人拥有13万亿美元的购买力。用购买力平价（Purchasing Power Parity，PPP）来衡量的话，这与美国或欧盟的国内生产总值（Gross Domestic Product，GDP）大小相同。如果普拉哈拉德是对的——起码数百万企业家的成功表明他是对的——历史上最大的商机正等待被愿意"赚小钱"的营销人员发掘。

"分分"计较

不是只有在发展中国家，一分钱才值钱。在其他环境中，一分钱也可以创造出重要机会。早在100年前营销人员就已经发现，一分钱或多或少可以在销售上举足轻重——有时甚至可以创造品牌价值。

请想象一下，产品定价为9.99美元时，会发生什么？追溯过去70年案例的研究发现，购买售价为9.99美元的产品的消费者比购买售价为10美元的同样产品的消费者的数量多5%。营销人员相信，很多消费者总是把价格转化成低的整数单位，9.99美元在他们心中更接近9美元，而不是10美元。[8] 有趣的是，价格比上一个整数"低多少"似乎并不重要。例如，中国的价格经常以"88"结尾——这是个传统上的幸运数字。我们那里的一个学生发现，如果把价格的结尾数字提升到"99"，也完全不会影响销售。这还是在一些对价格极为敏感的市场。

另外，加一分钱有时可以塑造一个品牌。最近的一些研究表明，消费者已经被训练到会将整数价格与质量相挂钩，这可能是因为，历史上价格为整数的公司往往并不那么看重价格。现在，一些公司试图通过制定整数价格来树立他们的高质量形象。

每天只要几分钱

一分钱也可以说是重新构建报价的有用方法。例如，慈善机构会宣传"每天只要几分钱"的捐助，虽然总捐款全部加起来要高得多。零售商也曾试过这个方法：一家芝加哥床垫零售商曾经声称睡在其中一张床垫上每晚只要10美分。[9] 用每天几分钱的全新计算方式，这看起来很简单，其实是有效的。例如，杂志出版商在20世纪80年代将他们的订阅价格从每年计算变成每期计算，广告的有效率提高了10%～40%。

为什么？ 一位学者认为，每天几分钱的定价使我们将价格视为细小的零花钱，就像一杯咖啡或彩票的价格一样。但是每天几分钱的策略并非毫无风险，竞争对手也可以用同样的方式来劝阻消费者，他们让消费者重新计算一下这些钱加起来的总和，这样就可以有效地让价格脱离零花钱的范畴。

许多营销人员从这种消费者的疏忽中获益。美孚（Mobil）石油公司与埃克森（Exxon）石油公司合并前的经验，就是如何通过仔细研究定价而发现增量的好例子。1995年，迫切需要增加收入的美孚决定进行市场研究，了解人们为什么会去特定的加油站。大多数消费者说他们会选择光亮、安全和方便的加油站。这些因素对于 80% 的消费者来说比价格更重要。尽管汽油价格在美国可能是最为人所知的价格——该公司的研究还表明，虽然美国人知道汽油的价格，但是他们对微小的价格差异并不敏感。于是他们改善照明、粉刷一新，将加油站变得更安全、更整洁，但同时他们收取了溢价，这个新策略让公司旗下的参与站点的收入增加了 25%。[10] 分析师估计，如果美孚可收取每加仑（1 加仑≈3.79 升）汽油 2 美分的溢价，该公司起码可增收 1.18 亿美元。[11]

有时仔细研究一分钱甚至可以创造一种新的产品。2007 年，美国邮政署（United States Postal Service，USPS）决定尝试寻找让顾客无须在邮资上涨时，购买一卷又一卷的 1 美分邮票的方法。在邮资涨价前，USPS 发布了"永久邮票"——在邮资上涨到 41 美分后仍有效的邮票。这种邮票在消费者中大受欢迎，消费者很开心不需要额外购买 1 美分的邮票。它对 USPS 来说也是赚钱的，因为邮资上涨前邮票都会大卖。这个数字加起来很大，因为每增加 1 分钱，邮政总值就增加 8 亿美元。消费者有动力在邮资上涨前买入"永久邮票"囤货。"永久邮票"也降低了邮票成本，因为政府不再需要为邮资上涨后印刷那些原本要用到的 1 美分邮票。

超大号的利润

正如"永久邮票"的成功所证明的那样，如果消费者觉得划算的话，是愿意为微调产品多掏钱的。事实上，麦当劳（Mc.Donald's）也经常使用这种方式。虽然由于纪录片《超码的我》（*Super Size me*）的负面报道，麦当劳放弃了"超大"计划，各式各样的餐厅和食品店却依然模仿了麦当劳的定价逻辑，为客户提供更大分量的优惠。

食物通常只占餐馆成本的1/3，对于餐馆而言，提供超大的分量也相对比较便宜——特别是可乐或薯条这些高利润产品。例如，星巴克16盎司的"大杯"比起12盎司的"中杯"并不需要更多的咖啡豆，但是大杯要贵11%——1.89美元与1.70美元相比，而在消费者眼里大杯似乎更划算。[12] 超大分量这一创意可以追溯到20世纪60年代。芝加哥影院连锁集团（Balaban & Katz）的总裁大卫·沃勒斯坦（David Wallerstein）是很具创新精神的营销人员，他开发了许多美国人喜爱的创新美食，包括在爆米花上加黄油和在饮料中加冰。在推出了二合一优惠、组合优惠和日场特价都没有能够增加零食的销量后，感到挫折的沃勒斯坦顿悟："无论如何，顾客不想买两盒爆米花。"这让他们感到不好意思。于是，他决定改变每盒爆米花的大小，让顾客能有更大分量的爆米花但不会那么不好意思。他仍然只卖一份爆米花，但他会给顾客大盒的选择。顾客会觉得大盒很划算，但是因为爆米花的成本很低，它仍然会为公司带来很高的利润。[13]

沃勒斯坦的直觉是正确的。产品被重新定位为单个更大的盒子后，人们吃得多也付得多。事实上，计划的成功超乎他的预期：吃了爆米花口渴的买家也买了可乐。不出意外，他的这个想法席卷了整个行业——并引起了麦当劳的创始人雷·克罗克（Ray Kroc）的注意，克罗克把沃勒斯坦带进了麦当劳董事会。

即使沃勒斯坦成功了，麦当劳的董事们并不完全信服更大的分量会带来更好的生意。直到20世纪70年代中期,麦当劳的董事们才被说服并试一试。可是,即使在大号薯条成功之后,麦当劳还是拒绝了特许经营商增加其他产品分量的要求。麦当劳担心消费者会将大分量看作一种折扣——这一做法用传统的营销思维来看最终会降低产品的感知价值。[14]最终,大分量多生意派赢了,结果证明他们是对的:大分量更赚钱。大号薯条非常受欢迎。

见证了麦当劳的成功后,其他快餐店也开始提供大分量,便利店也是如此。在20世纪70年代中期,7-11(7-Eleven)便利店的中层经理丹尼斯·波茨(Dennis Potts)开始了"大量杯"(Big Gulp)的实验,出售容量为32盎司(1盎司≈0.03升)一杯的饮料。从那时起,零售商进一步扩大了"大"的范围,提供近乎水族馆大小的"超大量杯"(42盎司),从热狗到糖果棒等各种食物都有了超大分量。"没有什么神奇的,"波茨说,"顾客获得了很好的价值,然后零售商在每笔销售中赚了更多的钱。"

快餐店开始使用软件系统以不同的方式增加销售。在顾客下单后,现已嵌入销售系统中的很多软件能随时生成不同的价值主张,例如向顾客提供饼干半价的购买机会,而不用给顾客找零钱。小量现金购买时,顾客可能将"优惠"视为一种双重折扣——首先,这个产品价格较低;其次,许多消费者并没有真的看重他们那堆最后会放在罐子和抽屉里的零钱。

几年前,这些系统之一的制造商Digital Deal软件公司,给这些系统增加了视频显示功能,以给顾客提供商品的照片,这项功能能让顾客每消费5美元就平均多支付60美分。这项功能的内容为,在评估客户的选择和金额后，电脑即时生成优惠。该系统还用得来速（drive-through）的自动语音系统："我们为您提供优惠。总金额为5美元的话可加一个中号薯条或中号奶昔。您想要哪个？"

该软件也是利用了另一种"分分"计较的行为癖好。如果硬币找零小于20美分，则报价会四舍五入设定到下一个更高的美元位数。该系统的供应商，Retail DNA公司声称，他们发现如果拿到超过25%的折扣，顾客对于"（多买）加价"和"减价"的接受程度相差无几。该公司估计，多达35%～50%的顾客接受他们的"优惠"——这个数字可以转化为3%～5%的额外销售额。该软件旨在使用规则和参数来确保最低50%的净利润率，向顾客提供25%～75%的优惠，但平均下来，价格优惠为40%（优惠是随机生成的，以避免顾客刻意修改订单来激活特定的"优惠"）。一年所有季度的销售额可累计。Retail DNA声称，一家销售额为120万美元的快餐店一年可增加4.2%的销售额（即5.04万美元），税前利润增加1.6万美元。

嘿，大客户

赌场也学到了以便士为单位重新定价的重要性。尽管有案例表示，让挥金如土的赌徒在赌场喝酒和用餐，这样他们会把更多的钱放在赌桌上。但小赌徒其实也是重要客户，对于一些赌场来说，他们可能是最重要的客户。不仅是小赌徒，即使是赌得最小的那些人——用便士来下注的那些人，也是重要的客户。

听起来赌场可能不会对"便士赌徒"太感兴趣,但市场调研发现,便士赌徒在赌场停留的时间更长而且输钱并不比"高额赌徒"少,所以赌场开始安装更多可以投入便士的机器。2005年,一家澳大利亚机器公司声称它的"便士机器"每天平均有400美元的收入,这是普通机器的两倍。

以便士为赌注的思维在最近几年几乎彻底改变了许多赌场。新的便士机器效果如此之好,以至于康涅狄格州的莫希干太阳(Mohegan Sun)赌场[15]的低面额机器在2003年只有几百台,到2007年已超过2 000台。[16]

赌场正在转向面额较低的赌注的赌博形式,原因可能有两个。第一个原因是,它们越来越受欢迎。在新的便士机器中投注主要是使用现金卡,而不是硬币或代币,这可以提供更多的娱乐价值。赌徒可以赌博更长时间或同时玩多个游戏——有时一次最多可以玩100个不同的游戏。虽然很少有赌徒会投放机器上最大的赌注,但是投放最低赌注的赌徒更少。很多赌徒似乎喜欢同时玩多个游戏。赌场喜欢便士机器的另外一个原因是新的由电脑操控的机器通常更赚钱。印第安纳州赌博委员会注意到,便士机器的"持有"的百分比——留着现金,要高于美元投币机器。印第安纳州最赚钱的美元投币机器的持有比为8.2%,相比之下顶尖的便士机器为11.9%。按行业标准来说,8.2%在美元投币机器中其实相当高了,但据报道,便士机器的11.9%在所有便士机器中只是常见水平。[17]在拉斯维加斯,1美元的机器的付款率为96%～98%,相比之下便士机器约为90%。[18]

已经有不少理论解释了赌徒为什么没有意识到便士机器比高额机器"更坑"。这主要包含3个方面的原因。首先,入场的价格较低,赌徒会因此认为风险较低。其次，多线操作看上去似乎比1美元或5美元的单一拉杆机器有更多赢的机会。[19]最后，因为多线操作一次会产生更多的奖金，让赌徒有种常赢的错觉。

信息技术也为赌场制造了更多机会，收入不仅可以用便士计算，便士的几分之一也可以计算。莫希干太阳赌场还安装了半便士的机器——一种让玩家使用充值卡而不是硬币的变种机器。加油站也用0.9便士来计算汽油的销售价格——一些权威人士估计，仅在美国市场，每年便能借此额外给市场增加13亿美元的利润。将价格细分为如此小的单位，消费者便不再介意价格，这样也可以帮助消费者克服价格阻力去使用新产品。例如，Skype已经发展为世界上最大的语音互联网协议电话（Voice Over Internet Protocol，VOIP）服务商，部分原因就是他们以便士为中心的定价策略。其他VOIP服务商试图说服消费者每月支付20～30美元的订阅费来使用他们不熟悉的技术，与其不同，Skype为消费者提供了一种新的方式——试用VOIP，让他们无须在VOIP服务和传统电话服务中二选一。结果，Skype现在拥有3.3亿的全球用户群，而其主要竞争对手Vonage公司选择了更传统的订阅付费的模式，目前用户仍然停留在200万。[20]

互联网热潮证明，"近乎免费"只有在有真正盈利的支持下才能成为长期的商业模式。就Skype而言，互联网通话的成本几乎为零，传输的成本接近为零，这让易贝比竞争对手更有优势（易贝于2005年收购Skype），并使其成为互联网的主导电信服务商。Skype的联合创始人尼克拉斯·曾斯特罗姆（Niklas Zennstrom）解释了公司的雄伟计划："我们希望在每个用户上都尽可能少赚钱。"[21]

知识产权市场有时也可以通过重新调整服务的分量来扩张。从能长久播放的黑胶唱片，再到后来的 CD，直到 2002 年或 2003 年，大多数音乐都是以 12 首歌曲的形式出售。然而 10 年前大学生们开始交换电子版本的歌曲，文件共享的兴起让传统的音乐出售做法被迫做出改变。最初的时候，音乐行业是抗拒这一转变的。即使是那些支持改变的人都花了不少时间来深究在数码时代销售音乐的正确模式。有人认为订阅模式是最说得过去的，其他人则认为价格不再重要，因为音乐本身就是为演唱会或纪念品等其他产品铺路的亏本营销。

正如第 1 章中 Radiohead 的"自愿付费"模式，那场辩论今天仍在继续。苹果公司通过销售单曲貌似已经摸索到了未来一段时间内主流的音乐销售模式。苹果公司的音乐下载软件 iTunes，为消费者购买音乐提供了十分有吸引力的价格。消费者不再需要为 10 首或 12 首歌曲支付 10 美元或 20 美元，现在购买一首歌只需要 99 美分。他们可以只购买他们想要的歌曲，然后下载到播放器中。

帮助 iTunes 这一音乐平台创造价值的元素有很多：在一个音乐平台上集成海量音乐库；苹果公司的数字版权管理解决方案让音乐人相信他们不会失去对音乐的控制权；播放器本身提供了在本质上更方便消费者存储和收听音乐的方式。但是，从专辑到单曲的"分量"的改变，重要性不容小觑。自 2003 年推出单曲购买以来，iTunes 已发展成为美国最大的音乐供应商。到 2008 年 1 月，苹果宣布消费者从 iTunes 下载了超过 50 亿首歌曲。在全球范围内，iTunes 的影响也巨大，拥有超过全球 70% 的在线音乐销售量。[22]

小额支付在其他情况下也十分有用。例如，小额支付让多人游戏中的某些虚拟商品的收费成为可能，创造了在其他地方不可能存在的收入。虽然从互联网早期开始，多人游戏就已经存在，一些游戏平台的开发人员近年来才开始添加一些新功能，在游戏"世界"里营造出一种经济生活。比起传统游戏，这个功能好像特别适合"第二人生"这种在线社交互动的游戏。在"第二人生"中，"居民"之间能进行互动并满足生活幻想。有两种赚钱机会在这个虚拟世界中出现，两者都是值得称赞的创新的小额支付策略。第一种是在游戏中发行游戏币——"第二人生"的林登币（Linden dollars），或者说，是真钱，林登币可不是"大富翁"里的假钱。该公司让现实世界里的钱和林登币互通。"第二人生"的开发商林登实验室，购买和销售游戏资产。当资金转入或转出游戏时，兑换比例为270林登币兑换1美元。虽然用户只能以1 000林登币为单位购买游戏币，但他们在游戏中最少可以只支付1林登币，也就是大约1/3美分。可能听上去不是很多，但林登实验室的报告说，"第二人生"中每天有高达150万美元的交易，每位用户约消费3美元。[23]如果你想在虚拟世界中过上好日子并做你想做的事，你就要用林登币来买单。

　　所有这些交易表明，林登币的流通让林登实验室之外的其他人也能从中赚钱。因为林登币具有交易价值，真正的企业家在这个虚拟世界里找到了真金白银的赚钱机会。其中一些显然是偶然发生的，一个梦幻的职业所创造出来的虚拟产品吸引了其他玩家的眼球。例如，一位纽约超市经理利用闲暇时间在"第二人生"经营了一家时尚精品店，两年前他从林登实验室以230美元买下了这家"占地"375平方米的虚拟商店。购买假想的土地听上去不像是很有前景的投资，但是这对于土地主人彼得·洛克（Peter Lokke）来说却是大有回报。现在洛克说他通过销售玩家人物的服装，每天能赚近 300 美元（现实中的美元）。

让洛克还有其他很多人通过"第二人生"盈利的部分原因是他们几乎没有业务运营的成本，除了那些他们向林登实验室支付的虚拟房地产费用。"我的供应是无限的，"洛克说，"没有上限，花销只有我付给林登实验室的费用。"[24] 正如我们看到的其他的互联网衍生产品一样，这种边际成本的缺乏意味着产品价格几乎可以为零，在第一件产品副本费用支付后仍然盈利。

有人在"第二人生"中建立了更大规模的业务。生活在德国的中文老师艾琳·格雷夫（Ailen Graef）在 2006 年成为"第二人生"的第一位百万富翁。格雷夫 100 万美元的虚拟财产是从 10 美元的投资开始的。自此之后，格雷夫建立了一个雇有 80 名全职员工的企业，这些员工为"第二人生"建立了 40 平方千米的虚拟社区。"第二人生"就是他们的主要生活区域。"我就像沃尔玛，"格雷夫说，"利润很小，但数量巨大。"[25]

格雷夫和洛克的经历很不寻常，但并不是特例。平均下来，每月有超过 165 名用户在"第二人生"中赚取至少 5 000 美元。"第二人生"是一个每日人口约为 50 万的地方，这个比例似乎不高。但是考虑到一个人在网上的实际需求很少时，对于那些精通网络但是收入不高的人来说，这也许是一个有趣的机会，大约有 4 000 名"第二人生"用户每月在"第二人生"中的收入达到 200 美元以上，这和当时一些发展中国家工人的平均工资已经相差不远了。

这还是所谓新"世界"的早期阶段。一些游戏市场分析师预测在 4～5 年内，绝大多数互联网用户都会将部分时间花在虚拟实境的网站上，为各种虚拟服务和产品创造巨大的新市场。众所周知，这些预测很难准确——要不过高要不过低，但是无论分析师的分析是否正确，可以肯定的是小额支付将会成为一些人工作、娱乐和线上交易的一种方式。

付小钱

一分钱的思维不仅仅限用于出售歌曲或虚拟礼服。在过去的40年中，营销人员实际上通过调整产品或服务的"分量"，刺激了消费者对公寓、游艇甚至私人飞机等的需求的成倍增长。[26]

分所有权或分时的想法可以追溯到20世纪60年代，法国阿尔卑斯山的度假村老板为欧洲滑雪者提出了一个新的概念："不要租房。买这家酒店吧——更便宜！"[27]

20世纪70年代石油危机初期，这个想法传到了佛罗里达州。当时美国消费者吝于消费，手上积压的无人问津的公寓让开发商苦不堪言，于是他们向消费者提供了诱人的方案：花点钱买第二个家。区别于购买整间度假屋或公寓，消费者每年仅支付他们会用到的一到两周的费用。

当开发人员以这种方式推销他们的产品时，许多消费者认为这个性价比很高，没有令人头疼的房屋维护，而且他们只需支付他们在度假村时的费用。与此同时，所有这些"便士"加起来也为房地产公司带来了更多的利润，卖出使用权赚的钱比以往单卖一个公寓都多。

对于开发者来说，这是一个更好的交易，因为它拓宽了资产市场。假设一位开发商夏天要卖价值6万美元的度假屋，有一个人可以出资3.5万美元购买度假屋，另一个人可以出资4.5万美元，但他们都买不起房子。

但是，如果这两个人集中资源，一人出资 3 万美元，而另外一人出资 4 万美元，那么他们的预算总额增加到 7 万美元。如果他们出资 7 万美元购买这间度假屋，开发商实际卖出的价格比房屋原价高 1 万美元，而这个人用低于他们原本能单独承担的费用得到了本来不可能拥有的房子，这笔交易中的每个人都赢了。此外，开发商通过汇总分时需求可以出售更多更优质的房屋。

今天，两居室分时份额的平均成本大致是 1.8 万美元，不需要大约 500 美元的年度维护费用和各种其他费用。对于准买家来说，与价格可高达成本的 10～20 倍的度假屋相比，这个价格显得很低（甚至非常低，因为 70% 的买家会选择通过便利的内部融资来获得总价格 60%～90% 的贷款）。[28]

分时购买方案还创造了更多的需求：分时购买激活了消费者的需求，从而创造了更稳定的全年需求。毫无疑问，仅有 10 多年历史的分时业务以每年两位数的幅度继续增长。现在，超过 400 万美国人在 1 600 多个度假村中拥有自己的分时度假别墅。行业民意调查显示，分时所有者对他们的购买感到满意，特别是现在大多数分时计划更类似于"度假俱乐部"的会员资格，通过全国各地的分时度假村网络，消费者也可以实现与世界各地的其他度假村交换住宿。

分时也不仅仅是针对中产阶级的产品。如今，豪华公寓和价值数百万美元的滑雪小屋也是如此"切片"出售的。虽然价值主张有所不同，在高端市场销售的产品多数是有真正房产权的，而不是像大众市场产品那样的"预购"假期，但是优惠的诱惑依然如故。游艇、豪华轿车和其他象征着美好生活的产品也以共享的形式出售，在小范围内有所推广。甚至名牌太阳眼镜、珠宝和箱包也在向消费者提供共享服务。Bag Borrow or Steal 是一家邮购公司，它让想拥有路易·威登（Louis Vuittin）这种价值数千美元包包的高档时尚配饰的女性，一周只花几百美元就能租用，这样让那些时尚达人不用在一个包包上花上一个月的房租，也能轻松打造他们想要的造型。

分时的吸引力不仅限于消费者，企业也被共享的计划所吸引。飞机共享所有权自第一家飞机共享公司成立以来，已经发展成为一项巨大的业务。1987年，第一家飞机共享公司利捷航空（NetJets）成立。理查德·圣图利（Richard Santulli），一个厌倦了在机场赶飞机的商人，想到了一种扩大私人飞机市场的方式。虽然很少有人或公司愿意或能够支付购买整架私人飞机所需的数百万美元，但他相信很多人都会想买一架私人飞机。

深信此逻辑，这位前高盛集团（The Goldman Sachs Group）的合作伙伴买了一家包机公司，将其改造成世界上第一家飞机共享公司。[29]

除了共享对于消费者的吸引力之外，圣图利还发现航线所有权供应上的成本效率与第二个家或酒店共享的成本效率并没有什么不同。商务客机并未得到充分利用，平均而言，商务客机每年只有250个小时的飞行时间，航空公司的主要航班每年则达到了2 500～3 500个小时的飞行时间。圣图利通过共享将商务客机使用时间提高到了每年1 000个小时，这大大降低了共享的成本。[30]

今天，大约40万美元就能购买利捷航空其中一个机队的1/16，相当于50个小时的飞行时间，这个价钱也没有比头等舱贵多少。相比之下，全职运行一辆飞机需要花费超过600万美元。当然，想购买更小的份额也可以：通过中间商，利捷航空也出售 1/32 股，即 25 个小时的飞行时间。

与分时销售一样，降低入场的价格创造了更大的市场。仅利捷航空（控制着大约一半的市场）2006 年就拥有了 600 架飞机，在全球 3 000 个机场之间飞行了近 35 万次。[31]

但共享所有权并非没有风险，最大的风险是超额销售份额的诱惑。例如，一些共享飞机公司的所有者过去几年已经变得心怀不满，因为他们共享的飞机已经飞行了太多航空里程，因此比以最初预想的速度贬值得更快，降低了他们的投资价值。太多的持续维护成本也会破坏共享的最初价值主张——以低成本、无障碍的方式使"自己的"飞机飞行，最终导致投资的幻灭。最后，如果有人最初没有做好数学的功课，载量也可能是一个问题。但是，一个设计良好而且载量设置适当的网络是可以解决所有这些问题的。圣图利是一名数学博士，他很早就发现，如果有足够的飞机，他可以保证每一个客户在需要飞行的时候都能有飞机供他们使用，最多等候 3 小时，且几乎没有载量的问题。

当然，无论你是出售共享飞机还是一袋爆米花，都得确保总和超过零件的价值才能成功。私人飞机如此，炸薯条也是如此。如果卖方无法在价值上获益，而最终买方也无法获益，那么这种战略将无法奏效。

许多公司因为不了解他们的成本结构的细节而迷失了方向，让利润在各种各样的途径中流失。例如，公司经常草率设计激励销售方案，而没有考虑到其潜在的盈利能力。沃顿商学院营销学教授伦·洛迪什（Len Lodish）曾指出，一家著名的零食食品公司奖励其销售人员时，并不是根据其销售薯片和饼干的能力，而是根据销售的重量——这基本就代表着鼓励销售团队去专注于销售那些更重但利润更低的产品。往往一些公司重新设计产品是为了鼓励销售而不关心其潜在的盈利能力。一名顾问讲述了好市多（Costco）超市的一位营销经理的故事。该经理所负责的产品线的销售量每年增长 7%，但是公司高管在了解到产品的重新设计是销售量增长的原因后，将产品价格也增长了 6%，基本上就抵消了销售量增加后的利润，他就立马从"英雄"成了"狗熊"。[32]

心灵所铸成的镣铐

传统上，大多数企业的成功都在于能够吸引一批受众，然后尽可能地在这些人身上多收费。然而今时今日的全球市场上，企业壮大的最佳方式可能是从小入手。正如普拉哈拉德所说，当今商业面临的最大挑战是如何收最少的钱，服务最多的人。例如，许多印度零售商在努力寻找不上调价格的方法，遵循 Skype 模式，将成本压到最低，这样便可为产品创造最广大的市场。

在全世界范围内，营销人员已经开始接受这个有点违反直觉的思路：一家公司如果能服务于极大的群体，即使收极少的费用依然可以赚极多的钱。在这个新的背景下，每一宗交易的收益不一定会很直观。在定义上，它们可能并不明显，因为最成功的便士策略通常需要价值主张的基本改造——思考什么是一辆汽车。如塔塔汽车公司创造出了革命性的新型轿车——仅售 2 000 美元的 Nano 汽车。思考为什么穷人不可能成为优秀的贷款客户。于是尤努斯开创了小额贷款。

挑战似乎更多来自感知的上限而非机会本身。诗人威廉·布莱克

（William Blake）曾做过一个比喻——"心灵所铸成的镣铐"，心灵上的枷锁妨碍了人们重新构想产品及其定价的方式，如果人们摘下了镣铐，也许会与数百万或者数十亿客户更接近。尤努斯说："我最大的挑战就是改变人们的思维方式。心态很奇怪地捉弄了我们，我们需要以心观物。"

参考文献

[1] Globalenvision 网站. The End of Poverty: An Interview with Muhammad Yunus(August 23, 2003).

[2] Counts, Alex. *Small Loans, Big Dreams: How Nobel Prize Winner Muhammad Yunus and Microfinance Are Changing the World*(New York: John Wiley, 2008).

[3] Sub-Par but Not Subprime: Microfinance, *The Economist*(21 March 2009).

[4] Engen, John. Is Microfinance Ready for Its Next Big Leap? *U.S. Banker*(February 2009): 18.

[5] Deutsche Bank Research, Microfinance: An Emerging Investment Opportunity(19 December 2007).

[6] Prahalad, C.K. *The Fortune at the Bottom of the Pyramid*(New Jersey: Wharton School Publishing, 2004), 2.

[7] Knowledge@Wharton. Building Sustainable Startups in the Developing World(14 January 2005).

[8] Stiving, Mark. Price-Endings When Prices Signal Quality, Ohio State University, Management Science(December 2000).

[9] Gourville, John T. Pennies-A-Day: The Effect of Temporal Reframing on TransactionEvaluations, *Journal of Consumer Research*(March 1998): 395.

[10] Sullivan, Allana. Mobil Bets Drivers Pick Cappuccino over Low Prices, *Wall Street Journal*(30 January 2005): B1.

[11] A New Vision at Mobil, *National Petroleum News*(June 1995): 62.

[12] Will Diners Still Swallow This? *New York Times*(25 March 2007): 1.

[13] David Wallerstein obituary, *New York Times*(January 6, 1993).

[14] Critser, Greg. *Fat Land: How Americans Became the Fattest People in the World*(New York: Houghton Mifflin, 2004), 21.

[15] Hamner, Susanna. Heaven from Pennies, *Business 2.0*(August 2005).

[16] Peters, Mark. Coins Dropped from Slots: Casino Phases Out Token-Operated Machines, Switches to Paper, *Hartford Courant*(May 1, 2007).

[17] Slot Players Beware: Pennies Can Add Up, *Chicago Sun Times*(March 2, 2008).

[18] Cooper, Marc. Hey, Big Spinner, *Los Angeles Times*(April 15, 2007).

[19] Ryan, Joseph. Illinois Casinos Beat the Odds, *Daily Herald*(July 20, 2008).

[20] Vonage Growth, Losses Set New Lows, *Telecomweb* news break(August 7, 2008).

[21] The Skype Hyper, *The Economist*(October 6, 2007).

[22] Jobs, Steve. Keynote address at Macworld(September 2008).

[23] Emily Rotberg. Tiny Sums Now Changing Hands, *Financial Times*(January 30, 2008): and September 2008 Second Life Economic Statistics.

[24] Bennett, Jessica and Beith, Malcolm. Alternate Universe: Second Life Is Emerging As a Powerful New Medium for Social Interactions of All Sorts, from Romance to Making Money, *Newsweek*(July 30, 2007).

[25] Going Gets Real in Virtual World, *Gulf News*(March 29, 2008).

[26] Emling, Shelley. Buying a Share of Luxury on the Sea, *International Herald Tribune*(April 6, 2007): 17.

[27] Bowen, David A. Timeshare Ownership: Regulation and Common Sense, *Loyola Consumer Law Review*(2006): 1.

[28] Murphy, H. Lee. No Time Out for Timeshares, *National Real Estate Investor*(August 8, 2008): and Upchurch, Randall, et al., *Timeshare Resort*

Operations(Oxford: Elsevier Butterworth-Heinemann, 2004).

[29] Kroeger, Fritz. *Beating the Global Consolidation Endgame*(New York: McGrawHill Professional, 2008), 157.

[30] Martin, Nathan A. *Flight to Financial Freedom—Fasten your Finances*(SOM Publishing, 2007), 85.

[31] Kelly, Emma. NetJets—Poised for Growth, *Airport Business*(March 2007).

[32] Knowledge@Wharton. The Challenge of Customization(June 16, 2004).

第 5 章

自动打折

* * * * *

"零售价格最终由大量买家的收入决定……这是价格定位的主导力量。"

——爱德华·法林（Edward A. Filene），法林地下百货（Filene's Basement）的创始人

每个人都知道服装店通常标价过高，而且往往高出不少。服装店的衣服标价通常为批发价的 1～5 倍，甚至更多。商家偶尔会给部分产品打折以回馈顾客，但是即便如此，价格还是由商家说了算。按商家的策略，顾客永远不会知道他们喜欢的产品什么时候能打折，他们仅有的选择是二选一，要不按当天的原价付钱，要不就转身离开。产品的需求越高，顾客就需要花越多的钱，这是这个行业的本质。

逆转这种定价策略最常见的对策是以价值为中心，例如，老海军（Old Navy）推广自有服装品牌的策略。虽然这也是一个获利的策略，但这个策略的缺点是它放弃了任何获取时尚溢价的机会。但除了"积压大甩卖"之外，商家还可以使用其他的方式打折。Syms，一家总部位于纽约的服装店零售商，开发了一种捕捉时尚溢价的方法。Syms 巧妙使用自动降价系统，同时鼓励即时购买和回访，以保持较快且稳定的销售速度。在 Syms 商场，每个价格标签都会带有帮助顾客做出购买决定的信息：全国广告价格、Syms 价格和衣服当天售卖的价格。3 个价格中，每个价格都低于前一个价格，以 10 天为周期来触发下一个价格。产品的价格在指定日期会自动降低，这样对某件衣服感兴趣的顾客能准确知道它什么时候打折——这与高端零售业的行规完全相反。

为什么 Syms 会这样做？诚然，在一家普通的商店，一名忠诚的店员不会告诉顾客特定商品在下个星期是否会打折。补贴顾客与商店的利益相悖，并可能成为解雇的缘由（应该没有店员会这样做——他们为什么要放弃一大笔提成？）。价格不够透明的重点在于，将时尚溢价的时间尽量延长，在紧跟潮流的产品过期之时，打折才会开始。

自动降价流程

传统的定价系统虽然有效——如果无效的话，服装零售就没办法做得这么好了——但是它是有缺陷的。而 Syms 的自动降价系统十分有效地抓住了这些缺陷。与传统的时尚定价系统相比，在我们看来，Syms 的自动降价系统至少有 7 个重要优势。

第一，一个大大的对比 Syms 价格与全国零售价格的价格标签，辅助了消费者锚定初始价格。消费者总是很难判断一件衣服的内在价值，特别是在如果他们喜欢它并且钱包里的钱充足的时候。如果消费者看到了一条裙子在其他地方最初售价为 249 美元，但是 Syms 只需 209 美元，他们很可能会认为这件裙子已经有优惠了。这种初始价格让消费者对裙子的价格心里有数，是决定购买的重要一步。

第二，知道价格会下降给购买决定增加了时间压力。紧跟潮流的物品会随时间贬值并不是什么秘密，因为每过一刻就意味着它们离过时更近了一步。Syms 充分利用了消费者了解行规的这一事实。对于 Syms 的消费者来说，何时会减价的透明度实际上会通过创造更强烈的稀缺感来给他们施加更多的心理压力。在一家普通商店，消费者可能会决定回家想一想是否购买，相信同样的西装或裙子在不久后仍然会在货架上，甚至可能会减价。零售商知道这一点，并试图扭转这种情况。有些人试着以多种不同的方式改变消费者的这种购物行为，比如只将某件衣服的一种尺寸的货摆在货架上，或对同一件衣服稍加改动。但是一家使用自动降价系统的商店会施加额外的压力。当消费者知道预定的打折会让其他消费者也对衣服心动时，他们很有可能会不想冒着失去的风险而立刻购买，尤其是在他们真的很喜欢这件衣服的时候。因此，自动降价制造出了一种消费者本不会有的紧迫感。

自动降价对于那些感知价值十分模糊或者只在短时间内值钱的产品来说尤其有效。Syms 在 2007 年的年报里指明，自动降价销售仅限于女装——在他们看来，女装是最容易受到潮流变化的影响的。[1]虽然自动降价销售是 Syms 的标志性特征，但只有女装部分是使用自动降价系统的，并且女装的销售额只占了商店总销售额的 1/3 不到。[2]

第三，自动降价使 Syms 能够覆盖价格敏感度不同的顾客群。自动降价同时取悦了时尚至上和价值至上两类消费者——这是对时装定价中最大问题的一个聪明的解决方案：在流行趋势、个人品位和价格敏感度跨度都很大的市场上选择最优的价格是极度困难的，而 Syms 的自动降价系统可以向那些对价格不敏感的消费者收取更高的费用，同时向那些对价格敏感并且不介意等待和忍耐选择变少的消费提供优惠。

第四，自动降价还可以在日常购物中给消费者添加一些兴奋感。如果处理得好，自动降价似乎会为一些人购物的时候带来乐趣。法林地下百货是 Syms 在自动降价中的前辈（在下一节讨论）。法林地下百货的消费者在接受采访时经常说到，买到便宜货的乐趣或者在下一个预定减价之前等待时的体验就好像是在进行"游戏"一样。自动降价系统的其他方面类似于游戏：消费者不花钱就有收获的乐趣，并且有机会以看似不可违背的固定规则参与游戏（公开发布的规则对 Syms，以及法林地下百货一直有重要作用），与其他陌生人为了一些不错的东西互相竞争。最后，这也造成了一种在传统的限制下不存在的特殊情况出现。有很多报道称法林地下百货在社会分层化严格的波士顿混合了阶层，实际上就是在 1992 年法林地下百货设置了试衣间后，依然有很多女性就在货架边试衣服，这在其他商场定会被禁止。

第五，自动降价可以增加客流量，能很好地诱使消费者反复光顾商场，特别是那些为了省钱而不愿逛商场的消费者。价格敏感的消费者回来购买他们上星期看到的衣服时，很有可能会买走其他东西。创造这样的习惯非常有用：营销人员早就知道消费者在商场花的时间越多，就越有可能在商场里消费。不管是否在这次购物中买到了物美价廉的东西，他们很有可能会找到其他想要的东西——即使可能性不是很高，但总比他们根本没有来商场要好得多。

第六，折扣的透明度降低了买家的后悔值。知道商品在百货商店的标价、Syms 现在的标价和将来如果商品仍然有货时 Syms 的标价，会让买家在做出购买决定后不会后悔，这无损他们对品牌价值的信心。

最后，降价系统的自动化减少了重新制作标签的需要，这通常也是一项颇为巨大的花销。药妆店这种零售形态的价格调整和 Syms 此类服装店并无不同，因为它们也有多个产品和多个供应商。一些专家发现，药妆店的价格调整的花销可高达整个店面总收入的 0.59%，这等于每件商品每次的价格变动将花费约 50 美分。[3]

自动定价系统的适用条件

自动定价系统似乎只适用于某种特定类型的产品。首先，产品自带时效，比如时装或季节性产品（想想一月的圣诞饰品）。其次，消费者必须在购买该产品时带有强烈的情感并且明确知道正常的价格，这样他们才能够知道什么叫便宜。Syms 的标语"懂行的顾客是我们最好的顾客"就是最好的证明。无论收入水平如何，最好的 Syms 买家都是那些了解时尚并重视品牌价值的人，并且他们也意识到这些衣服其实标价过高。有时尚意识的消费者更可能不愿等待，迫不及待入手当季产品，而不是等到过季打折的时候再购买。最后，销售的产品必须被视为独特的。如果消费者认为产品是独一无二的，他们更容易产生立即购买的迫切需要。出于这个原因，Syms 十分明智地没有使用自动降价系统出售男士西装或童装。

自动降价的前辈

虽然 Syms 是目前美国唯一一家使用自动降价系统的服装店，但是它不是第一个使用自动降价系统的。第一名的荣誉由本章前面提到过的法林地下百货所有。Tunnel Bargain Basement 是一家 1909 年开业的位于波士顿的折扣服装店，它称自己为"一种新的商店"。当时，这句广告毫无夸大的成分：这家后来以"法林地下百货"的名字为人所知的商店的确是新颖的。包括法林自家的百货商店在内的其他零售商，何时打折就像心情般随意。但是爱德华·法林的地下商店不是简单地给衣服打折，而是用新的方式给衣服打折：自动降价。衣服在货架上停留12天后将自动降价25%；再过6天后，降价50%；再过6天后，降到原价的25%；再过6天，这些衣服将全部捐给慈善机构。

据报道，传统零售商对这家新店的销售方法嗤之以鼻，并称之为"法林笑话"。[4] 它们认定顾客只会等待商品的价格触底时才入手。但事实证明，比起它的批评者，法林对于人性有更深入的了解。这家商店虽然在前10年并没有盈利，但是十分受欢迎。令人惊讶的是，定价模型本身成为商店成功的关键。1919年，该商店更名为"自动打折地下室"（Automatic Bargain Basement），这就足以说明这个定价模型有多成功了，波士顿人还将之称为"ABB"。令法林高兴的是，1930年，它的销售收入已经占了法林商店总收入的1/3。除了自动降价系统外，法林还为零售业引进了不少创新的概念，包括40个小时周工作时长和女性最低工资标准。

在20世纪，法林地下百货在波士顿是倍受喜爱的商店。经历了两场战争、三场经济衰退以及经济大萧条，波士顿人对这家商店仍然无比忠诚。衣服有长有短，潮流来了又去，而自动降价系统却一如既往地受欢迎。自动降价系统在销售上如此成功，以至于只有0.05%的库存需要被捐赠给慈善机构。到1950年，自动打折地下室每年售出50万件礼服，其中90%在第一次预定降价之前就卖出了。

法林的商业模式核心是许多零售商至今仍无法理解的。他的助手后来解释道："他开始将商店打造成销售商品的地方，而不是一个储存滞销商品的地方。"[5] 与其仅仅是在成本上添加利润来定价，法林后来告诉同行零售商，最好把价格理解为衡量消费者收入水平的一个公式。他估计有85%的商品的销售价格可以从消费者的收入中得出。[6]

法林认为公司需要花更多功夫在设定与其消费者的收入水平更相符的价格上。他预测："未来的生意人，不管是生产商或者商家，在降价上赚到的钱会比以前靠提价赚到的钱更多。"[7] 法林清晰地认识到，每个人都喜欢买到价廉物美的商品！

法林的商店在20世纪80、90年代仍紧紧地抓住许多波士顿本地居民和游客的心。1982年，《纽约时报》的一篇故事甚至将法林地下百货描述成"一个主要的波士顿景点，一个和附近的法纳尔大厅（Faneuil Hall）、新市场区域一样必去的地方"。[8] 它被称赞为仅次于芬威公园（Fenway Park）的"波士顿第二神圣的地方"，是一个"你可以把自身地位抛之脑后"，加入购物大军，分享优惠购物热情的民主的地方。[9]

虽然最初的法林地下百货也许因为重新装修已经关闭了（或者不再开了），但很多关于该百货的新闻报道仍然会提及其独特的定价策略——这标志着自动定价对于许多消费者来说仍是法林地下百货的品牌财产。"自动降价策略把假期购物变成了一种'赢者全赢'的娱乐方式。"一个消费者在2007年法林地下百货关闭的时候如此回忆道。[10] 她不是唯一一位为法林地下百货的关闭觉得惋惜的消费者，一群拥护者甚至在克雷格名单上成立了回忆法林地下百货的组织。

虽然这两家商店是相似的，但Syms在定价策略的演变上又向前迈出了更大的一步。Syms在女性服装业务上有所选择地自动降价，尤其是连衣裙。这是十分重要的改进，因为男士西装不会很快过时。如果男士服装也采取自动降价的方式，估计大部分男士都会等着最低价抄底。相对地，法林地下百货的所有服装无差别地降价，可能会过犹不及。并且两者提供的折扣也有所不同。Syms 的打折间隔期更长，没有那么严谨，某种程度上这种方式可以让货品价值保存得更长久一些。这些细枝末节的差别让 Syms 在间隔期收集了更准确的信息来调整最初的价格和决定打折的力度。

少数赢家

尽管 Syms 和法林地下百货都通过自动降价获得了成功，让人奇怪的是，自动降价在这么多年来却少有人再采用。一家位于费城的百货商店瓦纳梅克在 1984 年尝试自动降价失败。就算是法林地下百货在 20 世纪 70 年代后期，在波士顿郊外开的分店最后也没能成功延续其独特的定价结构。

除了服装零售商外，其他行业不要说成功了，甚至都不愿意一试。但那些稀有的成功案例说明，自动降价确实有着巨大的潜力。佛罗里达州奥兰多市的一家独立酒店的负责人哈里斯·罗森（Harris Rosen）就通过聪明地采用并修改法林的策略，建立起了佛罗里达州最大的独立酒店公司。罗森是与法林相似的独立思考者，他被描述成"酒店届的法兰克·西纳特拉（Frank Sinatra）"。[11]

罗森的成功在于他愿意去采用创新的定价策略。但是罗森的创新和法林的出发点不一样：罗森的出发点是生存。法林出身于百货商店豪门，对于他而言，地下百货只是他所偏爱的项目，甚至可能是出于今天所谓的社会责任感所做的试验。而罗森在连续失去了希尔顿（Hilton）酒店和迪士尼（Disney）的工作后，他痛定思痛，要想成功，就只有自己做生意。他凑够首付在 1974 年石油输出国组织（Organization of the Petroleum Exporting Countriesc，OPEC）的石油危机前，买下了一家位于奥兰多的酒店，而石油危机击溃了佛罗里达州的旅游业，可以说，罗森的事业还没有开始，就受到了极大的打击。"没有比做生意的时候完全没有生意更让人郁闷的了……这让人难受，让人抑郁，让人害怕。"罗森在康奈尔大学（Cornell University）的一个讲座上如此回忆道[12]。

罗森没有听天由命，而是快速行动起来。他首先尝试了自愿付费策略。有不少长途汽车旅行团常住在马萨诸塞州新贝德福德市，于是罗森向他们打听他们愿意付多少钱入住他几乎空置的酒店。"我没有多少公司的名片……1974 年，我问那些汽车旅行团公司的老板，那些很强硬的老板，如果他们在我的酒店下榻，不管他们愿意付多少钱，我都会迫不及待地在这些价钱旁边签下我的名字……

这可谓是聪明的一招。到年底，罗森的利润达到了 15 万美元——而他大部分的竞争对手还在苦苦挣扎。罗森的第二个创新在于酒店房价的自动降价系统。罗森发现，在 1973～1974 年经济大萧条时期，只要有一间空房就等于有损失。房间越久没有被人订走，就越有可能变成空房。基于这样的观察，他想出了降低房价的方法。根据罗森的自动降价系统，房子越久不被订出去，房价降得就越多。房间一晚的入住价在早上可能是全价，但是到下午就可能变成了半价。这条政策在淡旺季都十分有效，让罗森酒店的入住率多年保持在 90% 以上，而他大部分的竞争对手的入住率则在 80% 左右徘徊。罗森有时候将这个系统比作航空和邮轮公司使用的收益管理系统。但是因为价格和打折力度都是公开的，我们认为这与法林的自动降价系统更类似。[13]

现在对于消费者来说是艰难时期，因为一些商家似乎在重新考虑自动降价系统的可行性。2008 年，Bin Ends 在马萨诸塞州波士顿郊外的布伦特里区开张。Bin Ends 是一家使用自动降价系统的酒业折扣公司。Bin Ends 声称自己是美国第一家上等葡萄酒和烈酒折扣店，并且有意识地遵循法林地下百货和 Syms 的折扣模式。Bin Ends，用酒业行话来说，就是积压—甩卖—减少库存。Bin Ends 每 3 周就打折一次，先是 75 折，再到 65 折，再到 55 折。[14]Bin Ends 还有网店，承诺未来能让消费者"在家里舒舒服服地淘到宝"。[15]

英国乐购（Tesco）公司旗下的美国日用连锁店鲜捷超市（Fresh & Easy）也在试验使用自动降价系统来处理快过期的食品。但是，一位行业评论家不认为自动降价系统会适用于食品。食品行业有名的评论者吉姆·普雷沃尔（Jim Prevor）认为："要么消费者担心食物不新鲜、有危险而不会买；要么消费者再也不会买原价的食品。"[16]至少我们认为消费者不会一窝蜂地行动。但鲜捷超市起码具备了自动降价系统的两个先决条件。首先，不同的消费者愿意在鲜捷超市商品上花的钱不同，但是鲜捷超市不知道谁愿意付多少。其次，和女装一样，鲜捷超市销售的商品是会随时间贬值的。但是，鲜捷超市还缺了一个条件：商品库存是有限的。

虽然对自动降价系统持批评态度的人反对鲜捷超市使用自动降价系统的理由是，这个系统会让零售商以低价卖出商品，但事实恰恰相反：自动降价系统能让零售商学习如何设定价格。频繁的阶梯式降价使追踪特定时间的价格，以及研习需求在哪个折扣点开始下降更容易——零售商在下一季的时候可用上这些追踪结果。比如，Syms 会追踪所有的销售数据，分析数据以优化下一批商品的初始价格。[17] 仅仅分析100年前法林所开创的自动降价系统的销售数据可以发现，其价格优化的结果也能与今时今日高达百万的价格优化软件的价格优化结果相媲美。

荷兰式拍卖

我们可以肯定，自动降价系统可以优化回报，原因是它基本上就是一种慢动作版本的荷兰式拍卖（亦称"减价拍卖"）。经济学家发现，这种减价拍卖形式在某些情况下，能比其他拍卖形式产生更多的回报。

荷兰式拍卖的竞价由高到低依次递减，直到第一个竞买人应价——这和英式拍卖从低到高叫价且价高者得的形式完全相反。荷兰式拍卖（这样称呼是因为，一位荷兰的菜花农场主在19世纪70年代发明了这个方法，以简化销售过程），会先设定最高价，拍卖官会逐渐降低价格直到竞买人应价。[18] 像Syms买家一样，荷兰式拍卖的竞买人会面临其他人先应价把宝贝抢走的风险，价格降得越低这种风险就越大。

除了荷兰的花卉拍卖采取了这种拍卖方法，荷兰式拍卖在易贝也被应用到多种物品的销售中。纽约联邦储备银行（Federal Reserve Bank of New York，FRBNY）有时候也会用这种方式来出售美国政府债券。高科技公司也试验过使用荷兰式拍卖，美国和欧洲多个国家政府用此出售网络带宽。2004年谷歌首次公开募股（Initial Public Offering，IPO）时，就通过此法卖出了27亿美元的股票。

加州投资银行WR Hambrecht & Co.用荷兰式拍卖进行IPO为其后

来的盛行出了不少力。创始人比尔·汉布雷克特（Bill Hambrecht）认为荷兰式拍卖比起英式拍卖更适合用来设定 IPO 价格，因为它过滤掉了投资银行把初始招募价格设定得比其交易价格低的不当动机。对于一家很受欢迎的公司而言，汉布雷克特认为一个低的初始价格能让银行和公司的客户获利更多。这种做法对银行和客户都是有利的，但是对需要筹集资金的上市公司来说恰好相反。

汉布雷克特觉得传统的英式拍卖 IPO 的方法阻碍了真正价格的形成，因为大部分早期买家在快速获利后，就转手将股票卖给那些想长期持有股票的投资人。"在荷兰式拍卖的系统里，没有可保证的利润，因为价格会十分接近市场的真实需求。"汉布雷克特如是说。[19]（当然，这个前提是拍卖师设定正确的最高价格并把所有股份分配给胜者。尽管荷兰式拍卖有分配股份的风险，但谷歌的银行家们使用这种拍卖方法做得不错。谷歌股票在开盘日涨幅为 18%，虽然低于一些科技公司在互联网泡沫时期的 20%～30%，但是涨幅为 18% 肯定算是健康的当天投资回报。[20]）

荷兰式拍卖的应用远不止于此。人们不停发现新的用途。一位新西兰奥克兰市别墅的拥有者尝试了使用荷兰式拍卖取代标价的方法卖房，效果不错。拍卖从 500 万新西兰元（1 新西兰元≈4.68 元人民币）开始，最后以 265 万新西兰元成交。当地的鉴定师说拍卖结果比市场预期价格高了 30 万新西兰元。[21] 其他房地产卖家可能会觉得这种方式相当有意思，尤其是在房市不景气的时候。也许这种拍卖方式对特定产品有奇效，美国财政部（United States-Department of the Treasuy）在 2008 年提议使用荷兰式拍卖售卖 7 000 亿债务。[22]1961 年哥伦比亚大学教授威廉·维克瑞（William Vickrey）的学术论文指出有 4 种基本的拍卖方式——传统英式、荷兰式、密封投标、维克里拍卖（也是一种暗标拍卖方式，出价最高者根据出价次高者的价钱完成交易）。最新的研究发现，在操作上，拍卖的表现会根据实际情况而有所不同。20世纪90年代后期，在维克瑞通过关于拍卖的著作获得1996年诺贝尔经济学奖不久之后，一些研究人员发现，荷兰式拍卖有时候比传统方式和密封投标方式收益更低。更让人吃惊的是，其他人发现在一些拍卖网站上，荷兰式拍卖反而能获得比传统英式拍卖高出30%的收入。[23]

为了解释这种理论和实践之间如此巨大的差距，两个宾夕法尼亚州立大学的经济学家埃琳娜·卡托克（Elena Katok）和安东尼·卡瓦斯尼卡（Anthony Kwasnica）设计了不同的拍卖形式。在传统英式拍卖里，快速和慢速的拍卖收益相近，快速的荷兰式拍卖的收益比密封投标拍卖的收益要低，但是慢速的荷兰式拍卖的收益要比密封投标拍卖的收益要高。[24]

表现差异很大，研究人员对此给出的解释是，因为竞标人不耐烦了。竞标人会决定两轮之间的价格区别是不是值得陷入等待下一轮投标（对Syms而言是回访商店）的麻烦（经济学上来说是交易成本）。研究人员观察到，在传统的拍卖环境中，如果快速销售商品，竞标人会愿意花更多的钱。[25] 这就不难理解为什么Syms至今仍然热衷于使用自动降价系统。

为什么零售商不更"荷兰式"

正如荷兰式拍卖案例所表明的，自动降价系统并不适用于所有商品。

前文已经提及，自动降价系统成功的基本条件之一是消费者的稀缺感。以女装为例，稀缺感被放大了，因为最新的女装会随着时间推移和季度更迭贬值，而男装和童装不会如此。这可能解释了为什么慢速荷兰式拍卖或者自动降价系统销售效果最好的产品是特定的商品，但确实很难提前知道特定的消费者会不会青睐特定的商品。这也是比 Syms 和法林地下百货规模更大的商场没有采用自动降价系统的原因：商店规模越大，就越难打造出稀缺感。同样地，引起竞标兴趣的稀缺感也可以解释为什么荷兰式拍卖在互联网独特产品的卖场圣地——易贝如此受欢迎。

零售的大流量也是提升稀缺感的另一种方式。在英式拍卖中，标价被别人超过的威胁会让竞标人有所行动。诚然，这对于法林地下百货来说亦是如此。据报道，法林地下百货 2000 年后的拥有者 Retail Ventures 公司停止了分店的自动降价系统，因为这个制度只有在旗舰店是盈利的，而旗舰店每日有 1.5 万的人流量。[26]

一个有趣的问题是自动降价系统是否过时了？如今的定价软件的设计越来越精细，足以帮助零售商决定价格是否需要做出调整。技术般的数据挖掘不仅能计算特定产品的最优价格，还能分析特定产品和其他产品之间的相互影响。例如定价软件显示，如果能提高高毛利率的墨西哥风味薯片的销售，调低啤酒的价格可能会带来整体收入的提高。一些商家表示在服务业使用这样的系统有机会让 80% 的服务价格都上涨 1%～3%[27]。这个上涨十分巨大，埃森哲（Accenture）公司曾估计 1% 的毛利率涨幅意味着整体利润能提高 10%。[28]

曾经和未来的价格标签

但是，和其他的软件一样，定价软件不是"魔力子弹"。一份对18家主要零售商进行的问卷调查结果显示，只有半数零售商说它们可以明确知道基于定价系统的回报的大小。有趣的是，这些价值300～500美元不等的价格优化软件分析得最成功的是和Syms卖的同一种的产品类别：保质期有限的产品。"如果普通产品的生命周期为10～16周，那是一个最佳点。"安东尼·卡拉布斯（Antony Karabus）说。安东尼·卡拉布斯是多伦多一家咨询管理公司的创始人和首席执行官，该公司主营打折优化软件。[29]

如果实际情况真是如此，那么定价软件很难比法林在一个世纪之前发明的简单打折方法做得更好。没有定价系统可以用一个价格标签就为一个产品构建高感官价值，鼓励消费者马上购买，并且让价格敏感的消费者下个星期再回来看看。法林的定价系统甚至在价值发现上表现优异，消费者在什么价格下会购买简单易见。如Syms、Rosen和Bin Ends团队已经发现的，自动降价系统对很多产品都是可行的，并且比起安装、运营和维护价值数百万美元的定价系统要便宜、方便得多。消费者见到自动降价标签会开心和兴奋——就算优惠本身并没有多少。

出于以上这些原因，自动降价系统的辉煌成绩说明创新的定价策略不仅能改善销售业绩，甚至能改变一家企业的发展前景。得益于乍看上去十分艰难的自动降价系统，Syms在纽约闯出了属于自己的天地，而在50年前，同时期大西洋中部地区一些标志性的百货商店——金贝尔百货

（Gimbel's）、奥特曼百货（Altman's）、瓦纳梅克百货等，早已被收购或者倒闭了。同样地，自动降价系统的使用曾让法林把地下百货壮大成了经久不衰的品牌，甚至超过了母公司法林百货和波士顿的其他服装店。在过去的 100 年中，公司花费数十亿美元创建和打造品牌，但能成功的屈指可数，其中就包括了法林地下百货和 Syms，这两家只是采用简单的价格标签来标识日期及折扣的零售商。

参考文献

[1] Syms Corp. 2007 Annual Report(March 2008).

[2] *Plunket's Retail Industry Almanac*(2009).

[3] Shantanu Dutta, Mark Bergen, Daniel Levy, and Robert Venable. Menu Costs, Posted Prices, and Multiproduct Retailers, *Journal of Money, Credit, and Banking*(November 1999): 685. The 39 ¢ estimate stated in the article has been updated to reflect 2007–08 dollars using the inflation conversion estimates of Robert Sahr, Oregon State University.

[4] Berkeley, George E. *The Filenes*(Wellesley, Mass.: Branden Books, 1998). 123.

[5] Filene, Edward Albert and Mittell, Sherman Faian l. *Speaking of Change: a selection of speeches and articles*(Freeport, NY: Ayer, 1971(reprint)).

[6] Filene, Edward. What Is Happening to Retailers, Wholesalers, and Producers—the Way Out, Interstate Merchants Council Convention(Chicago, February 1, 1927).

[7] Berkeley, *The Filenes*.

[8] Blumenthal, Deborah. Boston's Favorite Bargain Store, *New York Times*(April18, 1982).

[9] Mendez, Teresa. Backstory: the Original Bargain Basement, *Christian Science*

Monitor(February 22, 2006).

[10] Jenn Abelson. No Holiday Twinkle Here, *Boston Globe*(November 21, 2007).

[11] Maxwell, Scott. The 25 Most Important People in Central Florida, *Orlando Sentinel*(December 27, 2007): B1.

[12] Harris Rosen talk, Cornell University(2007).

[13] McDowell, Edwin. His Goal: No Room at the Inns, *New York Times*(November 23, 1995).

[14] Goodison, Donna. Wine dealer aims at close-out market, *Boston Herald*(April 29, 2008).

[15] Bin Ends Opens, *PR Newswire*(July 15, 2008).

[16] Jim Prevor's Perishable Pundit blog(February 12, 2008).

[17] *Plunket's Retail Industry Almanac*(New York: Plunkett Research)2009.

[18] Kambil, Ajit and van Heck, E. *Making Markets: How Firms Can Design and Profit from Online Auctions*(Cambridge: Harvard Business Press), 2002.

[19] Interview with Bill Hambrecht, *Frontline*, PBS(August 2001).

[20] Robinson, Sara. For Google Investors, a Crash Course in the Mathematics of Bidding, *Society for Industrial and Applied Mathematics News*(October 26, 2004).

[21] Bidding at Dutch Auction Reaps Reward for Buyer, *New Zealand Herald*(December 11, 2008).

[22] Moyer, Liz. Bailout Auction Far from a Sure Thing, *Forbes*(September 9, 2008).

[23] Carare, Octavian, Rothkopf and Michael. Slow Dutch Auctions, *Management Science*(March 1, 2005): 365-373.

[24] Katok, Elena, Kwasnica and Anthony. Time is Money: The Effect of Clock Speed on Seller's Revenue in Dutch Auctions, SSRN-id673527(2003).

[25] Carare, Octavian, Rothkopf and Michael. Slow Dutch Auctions, *Rutcor*

Research Report(2001).

[26] Moin, David. Filene Expands i3Group, *Women's Wear Daily*(September 12, 2006).

[27] Bergstein, Brian. Pricing Software Could reshape retail, Associated Press, San Francisco Chronicle, April 29, 2007.

[28] Lager, Marshall. The Price is Right, *CRM Magazine*(October 1, 2008)33.

[29] Moin, David. Automating Markdowns: The Keys to Success, *Women's Wear Daily*(January 12, 2007), 14.

第 6 章

自我定价

* * * * *

"价格标签过时了。"

——杰伊·沃克（Jay Walker），Priceline 创始人

根据 1998 年《商业周刊》的一篇文章，在 1998 年 6 月 1 日，即在发布不到两个月的时间里，Priceline 就已经成为 "互联网上最热门的消费网站之一"。[1] 在接下来的 13 个月中，据说有 200 万人在 Priceline 下单。当时流行的行业杂志《行业标准》（The Industry Standard）将其描述为 "一种全新的互联网经商方式。"[2] 消费者对该网站的兴奋度如此之高，以至于《福布斯》甚至在新闻头条中提问网站创始人杰伊·沃克是不是 "新时代的爱迪生"。[3]

数以百万的消费者兴奋了。振奋他们的并不是他们可以在线购买飞机票，即使是在 1998 年，消费者也有很多网上购买机票的渠道。让他们兴奋的是购买机票的方式。该网站不是以固定的价格出售机票，而是邀请消费者 "标出他们自己的价格"，让消费者以理想中的低价竞标想要乘坐的航班。

Priceline 的销售系统很简单。首先，消费者查找航班，他可以指定日期和目的地，但不能指定一天中的时间或路线（如我们所见，这是 Priceline 和其他网上购买机票渠道至关重要的区别），然后消费者出价。过了一会儿，消费者会收到网站回复的一封电子邮件。如果他的出价被接受，费用将从他的信用卡中被扣除。如果他的出价没有被接受，那么游戏就结束了：他无法为同一航班出第二个更高的出价，以找出 Priceline 可接受的最低价格。

成功或失败，整个过程只需耗时大概 15 分钟。[4]Priceline 的销售文件介绍这个系统："几乎是把买家的钱挂在晾衣架上让卖家看到。只要卖家同意写在钱上的附带条件就可以把晾衣架上的钱拿下来，放入口袋中。"[5] 这种说法不完全正确，因为它多少暗示了卖家和买家之间有讨价还价的可能性。事实上，网站中已经设定了航线的保底价。与自愿付费不一样，网站可以拒绝顾客的竞价。Priceline 的顾客在自我介绍上[6]直白地写道："自己定价"是一种谎言，真实情况更像是"价格猜猜猜"。这种微妙的不同让两种定价方式大相径庭。

像互联网泡沫时期的很多企业一样，杰伊·沃克、Priceline 和 Walker Digital 都如鱼得水。沃克和他的 25 名员工提出的新的商业计划不断萌芽。聪明的网上拍卖模式和由在《星际迷航》里饰演库克队长的威廉·夏特纳（William Shatner）出演的独特广告，比起消费者，Priceline 更是赢得了投资者的芳心。Priceline 公司的股票在 1999 年公开发行几周后达到了令人惊讶的每股 162.37 美元的价格。顶峰时期，沃克是全世界最富有的人之一，持有价值超过 100 亿美元的股份。其他投资商包括了微软的创始人保罗·艾伦（Paul Allen）、投资商人乔治·索罗斯（George Soros）、有线电视大亨约翰·马隆（John Malone），还有沙特阿拉伯王子。[7]Priceline 本身的股价高达 240 亿美元，作为中间商的它比美国任何航空公司股价的两倍都多。[8] 沃克还盛赞 Priceline 的定价策略不仅仅是一个创新，还是"500 多年来最新的定价模式"。[9]

在许多采访中，沃克经常暗示 Priceline 勇敢地进入了动态定价的新世界。在这个新世界里，商品的价格是不断浮动的，正如沃克在航空业中所做的一样。他所描绘的前景对于 Priceline 的客户来说无疑十分受用：把自己想象成一个老练的商品交易员总比找便宜的价格听上去感觉好很多。这种前景也很吸引喜欢新市场的投资者。得益于聪明的定位，Priceline 在公众，尤其是投资者眼里，被看作是某种革命性定价先锋的领袖，而不是一家旅游中介。

当公众和投资者对 Pricelinc 的期望值越涨越高的时候，毫不意外，这种神奇无法持续下去了。Priceline 进入食品、汽车和贷款的业务并不成功。投资 Priceline 的资金开始流失，因为投资者担心 Priceline 无法达到市场预期。2000 年，Priceline 股票下跌的速度和其飙升的速度一样快，终于在 2000 年 12 月 26 日触底，每股价格仅为 1.12 美元。[10] 一些高管连夜"逃"跑，还有获得大量股份作为报酬的夏特纳也"逃"离了。像 Webvan、Pets 还有 Urban Fetch 一样，Priceline 这个创新的零售网站似乎最终逃不过随着互联网泡沫破灭而消失的命运。但是在 2001 年年初，出乎意料的事情发生了：Priceline 还活着。Priceline 并没有成为另一个互联网泡沫。该公司大幅削减了营销的费用，到 2001 年第二季度，开始扭亏为盈。

在公司成立 10 年后，夏特纳又回到了 Priceline 的阵营。2009 年 9 月 9 日，Priceline 公司被投资者估值为 67.7 亿美元。虽然 Priceline 并没有像预期的那样征服世界，但这家位于康涅狄格州诺沃克镇的公司已经壮大为一家利润超乎想象的公司。Priceline 年收入超过 16 亿美元，其中利润为 6 亿美元。[11] 公司 1 324 个员工每人每年能带来 1 900 万美元的营收——在每位员工的营收水平上，Priceline 比易贝（每位员工 608 915 美元）和亚马逊公司（945 971 美元）加起来的还要多。[12]

为什么在其他科技公司纷纷倒闭的时候，Priceline 能存活下来呢？

仅靠库克是不够的，也不是因为 Priceline 销售的产品有多么特别，2000年已经有很多像现在这样的销售飞机票、酒店房间和汽车租赁的中间运营商了。即使在今天，Expedia、圣达特集团（Cendant）和 Sabre 这些较大的竞争对手已经占据了 93% 的网上市场份额。[13] 不仅如此，在 Priceline 网上购买商品也有很多诟病。许多批评者认为该网站过于麻烦和复杂。更糟糕的是，商品本身十分不透明，航空公司、出发时间和航线都是隐藏的。为什么有人愿意自找麻烦呢？

为什么 Priceline 存活下来了

讽刺的是，批评者完全错了，这些不便之处正是 Priceline 生存下来的原因。《福布斯》把沃克封为"互联网的爱迪生"也许夸大其词了，但是现在看来沃克更像爱德华·法林。和法林地下百货使用的自动降价系统相似，Priceline 同时在特定买家群体和特定卖家群体中创造了新型销售渠道。批评者认为的不便之处远非失误，而是沃克的商业模式中的重要一环。它可作为一种筛选机制，保证只有一些消费者能拿到优惠。

沃克经常说 Priceline 是一种消费者的革命，但是从某种意义上讲，这更是卖家的革命。例如，Priceline 让餐旅公司在冲量的同时无损地向常客收取高价。沃克在 2000 年 1 月的一个采访中说："我们隐藏了卖家品牌，所以他们能继续以低于原价的价格扩张市场。"[14] 一些专家相信这种售卖方式有很大潜力。营销学者预测一些行业如果采用 Priceline 的技巧可以提升超过 1/3 的利润。[15]

通过隐藏品牌和产品的其他特征这种自愿付费的手法，消费者在购物时很难做出直观的对比，这样卖家就可以保留品牌产品所收取的溢价。这与法林地下百货用挤满的货架和缺乏试衣间的设置来保护楼上的法林百货有异曲同工之妙。Priceline 用不透明销售作为筛选机制只会吸引特定的顾客——那些对价格执着到愿意铤而走险，不知道产品细节就愿意付定金的专买便宜货的人。

这些缺点，以及需要消费者用信用卡保证的盲目封闭竞标的额外枷锁，创造了经济学家口中的"昂贵信号"，让 Priceline 的餐旅公司能够分辨并触达那些以前他们无法轻易定位的价格敏感型消费者。我们的同事彼得·费德（Peter Fader）把 Priceline 的核心顾客描述为"一群小众的价格敏感型消费者，每个星期都会固执地剪掉超市优惠券的那些人"。[16]

至于竞价过程呢？这么说可能有点大胆，但是加州大学伯克利分校的经济学家及谷歌的首席经济学家哈尔·瓦里安说 Priceline 的竞价过程就像"剪优惠券一样的盲目活动，用来辨别绵羊和山羊的忙碌工作"。[17]

这可能很烦人，但确实是创新的。Priceline 的系统可能并不如沃克声称的那样有革命性——除了电和车的发明，没有发明能达到革命性的标准——但是它确实解决了一个重要的问题：如何覆盖价格敏感型消费者而不失去对非价格敏感型消费者收取原价的机会。正如法林地下百货的自动降价系统，Priceline 的自由竞价模式在特定的顾客群体及特定的卖家中创造了新的销售渠道。永远乐观的沃克是这么认为的：我们发现了一种治愈可怕疾病的方法，这种疾病是一种存在了数百年的疾病。卖家永远都会有他们需要低价售卖的库存商品，但是卖家不能承担降价后破坏正常价目表的后果。我们找出了如何能让卖家多分一杯羹的方式。[18]

正如沃克所指出的那样，决定如何向价格敏感型消费者收取与非价格敏感型消费者不同的费用是零售商经常遇到的问题。不同的消费者对大部分商品往往都有不同的承受能力。如其他章所讨论的，很难能找到一个正确的打折方式，即不影响非价格敏感型消费者支付原价。

零售商往往就在几种手段中选择一种来吸引对价格敏感的消费者。一种是定期促销的方式，只在固定的时间或场合降价。超市和百货商店频繁使用这种方式来降低价格，以吸引那些对原价很了解并且愿意耐心等待低价的价格敏感型消费者。[19] 折扣是另外一种满足价格敏感型消费者需求的方式，任何不介意花时间去填那些复杂的折扣表的人肯定是对价格敏感的。诚然，消费者在柜台付钱时是对价格最敏感的时刻。如果他们忘记了填折扣表或后来懒得填了，商家是很乐意收取原价把"漏网之鱼"抓回来的。[20] 有时候，企业会为面向高端市场的产品添加更多功能或为面向低端市场的产品去掉一些功能。比如，一家科技生产商可能会在面向底端市场售卖的芯片中禁掉一些功能；航空公司在卖机票时也会增加附带条件，如提前 14 天订票或者星期六过夜等。[21] 产品的销售地点也是卖方区别价格的方式。对价格不敏感的消费者不会绕路去沃尔玛买东西；工厂店和折扣店这种另外的销售渠道让卖家从位置上覆盖了几乎所有买家的需求。

但是，最受价格敏感型消费者欢迎的方式是一种较旧的美国定价方式的创新：优惠券。可口可乐（Coca-Cola）公司在 1894 年发放第一张优惠券，阿萨·坎德勒（Asa Candler），这位拥有可口可乐配方的药剂师发放的一杯可乐兑换票券还是手写的。那年之后，宝氏谷物公司（C.W. Post）向消费者提供每盒 Grape Nut 新麦片减免一美分的优惠券。优惠券的使用一直都是反经济周期的。优惠券首先在经济大萧条期间变成了一门大生意，然后在1992年经济低迷期达到顶峰——值得注意的是，这距离互联网经济腾飞仅有4年。[22]然而即使是现在，美国的消费者产品制造商每年还会发放超过3 000亿张优惠券，其中1/3是日用品。这些优惠券中，超过85%是通过广告插页投放的，一般是通过周日报纸投放的。如果消费者兑换所有的优惠券，总价值可达1 900亿美元。可是，大部分优惠券都是被废置的。1%～2%的兑换率将这一支出降到30亿美元。[23]

即便浪费率高，消费品公司仍然乐此不疲地发放以数十亿美元计的优惠券。这是因为优惠券不仅可用于鼓励公司进行新的尝试和衡量消费者对于广告的反应，它们对于公司来说还是重要的价值分层手段。知名的营销学者查克拉瓦蒂·纳拉西姆汉（Chakravarthi Narasimhan）说："优惠券可作为价值分层的有效工具，向特定的顾客群体提供更低的价格。"[24]

留住这些价格敏感消费者增加了公司的营收，即便利润稍低，优惠券还支撑着市场份额和品牌产品的更高标价。兑换优惠券的顾客并没有改用更便宜的替代品，这使公司能向非价格敏感型消费者继续收取高价。

然而优惠券也有明显的弱点。最大的弱点就是优惠券供应链的复杂性和低效性。首先，优惠券需对正确的顾客投放——这往往是通过周日报纸来投放的。每投放1 000人须花费10美元。[25]

然后零售商必须收集优惠券，同时生产商必须经常付钱给零售商。最后，零售商要把优惠券发到大多位于墨西哥且拥有廉价劳动力的清算所。清算优惠券后，清算所会告诉零售商所收集优惠券的总值及补贴，并把账单寄给赞助优惠券的生产商以支付所有费用。

这其中的每一步都会产生利润的损耗。生产商、清算所和零售商经常对零售商应该拿到多少补贴的问题发生争议。优惠券很容易出现欺诈，有犯罪集团会从广告插页里剪出大批量优惠券，通过假店名或者不务正业的真店进行兑换。有时候这种欺诈行为会造成重大损失：在一个最近的案例中，检察官揭发一家清算所从生产商那里骗走了 2.8 亿美元。[26]

在 Priceline，沃克为急需更有效的客户系统的餐旅公司找到了避开这些问题的方法。就算是现在，对于酒店、汽车租赁公司和航空公司来说，空置的容量仍然是其最大的隐忧。虽然收益管理技术和算法的进步已帮助餐旅公司减少了过剩的容量，但是以盈利的价钱卖出每一个座位、每一间房仍然是遥不可及的目标。根据最新被广泛使用的数据，仅仅是美国的航空公司，每天就有 50 万个空位。另一数据则显示，航空公司有 20.4% 的位置是空置的，而在全球范围内，这一数字高达 25%。由于航空公司仅有 0.9% 的微薄利润，这些空位代表着提高利润的机会。

不透明的销售

Priceline 系统的另一个重要好处是可隐藏品牌名字的功能，这和传统的优惠券不一样。当然，不透明销售不是 Priceline 特有的（虽然有些学者认为互联网的一对一特质十分有利于不透明销售[27]）。在传统的零售业务里，不透明销售经常是通过在品牌产品旁边放置超市自有品牌产品。超市自有品牌产品比起品牌产品更便宜，从而让价格敏感型消费者有更便宜的选择。许多日用连锁店的供货商，实际上是在为自己的竞争对手生产产品。对于日用连锁店来说，起码在短期内，销售自有品牌是明显有利的，因为消费者在购买"不透明"产品的时候无从得知产品的"真实身份"。因为没有了零售商的进场费用和营销费用，超市自有品牌产品的利润与厂家品牌产品的利润往往相差无几。此外，超市自有品牌让超市可灵活地向价格敏感型消费者收取低价，同时通过品牌产品向价格非敏感者型收取高价。像优惠券一样，超市自有品牌产品在经济不景气的时候十分受欢迎。美国的超市自有品牌食品的销售量占了食品销售总量的22%，并且还在持续增长中。在2008年，超市自有品牌的日用品和消费品的销售额上涨超过10%，从2007年的750亿美元上涨到829亿美元，而品牌产品的销售额仅增长了2.8%。[28] 在特定的产品类别中，涨幅还更大。德国的廉价连锁超市阿迪（Aldi）在美国快速扩张，其销售的95%的产品都是超市自有品牌。

不透明销售对品牌持有者来说自然也不是没有风险的。早期，Priceline的批评者指责Priceline的不透明销售从长远来看会"把消费者训练得不忠诚"。这是一位营销学教授的原话，他认为消费者被训练得不看、不思考品牌就决定购买，这样他们可能会不忠于品牌。其他营销学学者相信，Priceline的不透明销售不只侵蚀了品牌价值，而且给了消费者一种新的锚定低价的认知。还有一些五花八门的研究表明，Priceline的顾客把他们在Priceline上购买时的价格变成了一种"真实"的定价。一旦习惯了花30美元就可以在假日酒店住一晚，一些Priceline的顾客就会把优惠价当成锚定价，未来多花钱反而会觉得心里不舒服了。

另外一种相关的风险是价格敏感型消费者和非价格敏感型消费者都认定不透明的产品和品牌产品是基本一样的——这种风险起码对于采用不透明销售渠道的生产商来说是着实存在的。比如，在Priceline买到的一箱纯果乐橙汁很容易就被拿来和附近超市买到的纯果乐果汁相比较。在这种情况下，这样做对卖家没有任何好处，除非Priceline能够区分价格敏感型消费者和非价格敏感型消费者。Priceline尝试为价格敏感型消费者设置多层障碍，人为地将价格敏感型消费者和非价格敏感型消费者划分界限。但是，消费者为了低价产品而忍受麻烦的限度是有限的。所以令人毫不意外的是，Priceline在把这种"竞价"模式延伸到食品和汽油领域时失败了。"想想上网的这45分钟，你可以做好多别的事情。"来自康涅狄格州格林威治镇的一位母亲在评价对于Priceline日用品服务（现已中断）的体验时说。[29]

作为需求集成的系统，Priceline确实在消费者价格承受力区别不大时是无效的。与航班不一样，商务舱的旅客愿意比普通的旅客多付3～4倍的价钱。但是对于购买日用品等小额产品，消费者的价格敏感度的区别是有限的。在这个市场里，消费者在去他们最喜欢的商店时就已经做出了自己的选择：想买便宜货的消费者直接就去了廉价商店，价格不敏感的消费者则去了高端的零售商店。在店里的时候，不会有很多消费者花时间在了解价格信息上。一个研究发现，60%的消费者会不看价钱就把东西放进购物车里，还有56%的消费者所估计的商品价格和实际价格的误差超过5%。在这种市场环境下，消费者所能感知到的"投标"定价系统的好处不大。

找到自己的客户

Priceline成名已经10年，它证明了沃克有对有错。正如大多科技先驱者一样，沃克错在认为Priceline可以改变一切，事实是Priceline只是服务于一个特定群体的小众市场，而不是提供所有业务、服务所有人。但他在Priceline背后使用的技术推动了价格的革命。

我们可以看到信息技术极大地延伸了定价的可能性，对买家如此，对卖家也是如此。这些技术让Priceline不仅鼓励消费者自己标价，而且推动了其他改变游戏规则的定价方法的发展。公司需要有和Priceline一样的筛选需求的机制，但这仅限于在他们对自己的消费者没有清晰的认知时。讽刺的是，正是让Priceline可以随机接受竞价的技术降低了大规模的需求集成。新的数据收集和挖掘系统让公司可以大规模收集、存储和处理消费者的数据，让它们能够辨识潜在的客户，比过去更快速地生成独特的优惠。简单来说，信息技术不仅能让客户自己竞标，还能让公司找到自己的客户。

现在许多公司没有止步于固定价格然后等消费者"上钩"。它们挖掘数据库，拼出一幅关于许多客户的清晰图像，并且用个性化的产品及价格优惠积极寻求最理想的客户。针对性定价在许多行业都得到了广泛的应用。过去，分类零售商都是把分类广告邮寄给不同地区的客户。今时今日，大数据和强大的分析方法让零售商对客户的洞察更细致，某个家庭、某人甚至某个时刻都能被洞察到。零售商对客户的了解现在更深入了，对于消费者购买倾向的分析的速度更快了，因此新的差别定价的机会也出现了。

针对性定价的概念本身不是新的，向新杂志订阅者给出折扣或者向竞争对手的用户提供优惠，这些都是卖家在运用针对性定价。但是，科技和超强竞争近几年从本质上改变了针对性定价。零售商现在在定价时会考虑消费者长期的忠诚度，还有其他消费者间可量化的差别。零售商现在可用合理的价钱收集并分析越来越丰富和深入的客户数据，根据客户的特质和其对价格的敏感度来校准个性化优惠。

这种做法是新颖的。在传统上，大多数经济学家只看到了 3 种可以存在价格歧视的可能性。1920 年，英国经济学家亚瑟·庇古（Arthur C. Pigou）[30] 总结了这些基本选择：首先，一家公司能向每个商品销售收取不同的价格，每个商品单价的最高价根据客户的意愿决定；其次，它也可能会根据交易量降低购买单价，例如为批量购买提供折扣；最后，它可能会向不同的客户收取不同的固定价格，如向学生或老年人提供折扣。

今天的大多数微观经济学教科书仍然使用庇古的结论。然而，价格歧视发生的可能性已经发生了很大变化，远超越了庇古的 3 个基本策略的范畴。例如，某网店给老客户的同一本书的价格比起给一个新的、偶尔购买的客户的价格要高。这种价格歧视的形式比庇古总结的传统的分类要复杂得多。这不同于庇古所说的第三种价格歧视——特定类别的客户收取特定价格，因为其设计不同价格的依据是人口统计特征。也不是第二种，因为老客户和新客户购买的数量是一样的。也不是第一种，因为其设定的价格不是基于任何个人表现出的支付意愿。尽管它不严格符合庇古的定义，但这种先进的定向定价不仅在在线零售网站上得到了发展，还被应用到了实体商店里。例如，英国大型杂货零售商乐购，其在顾客数据收集和分析上的进展让它们能用前所未有的方式来瞄准客户——而以前顶多只有小乡村商店和高端精品店能做到。

通过会员卡收集的资料及信息，特易购知道了客户什么时候会买什么东西。[31]

每周从在特易购消费的 1 300 万英国家庭中收集到的数据就超过了 40TB（Terabyte，太字节）。特易购及其供货商使用这些数据来寻找消费趋势与新产品的市场机会。他们也许会发现哪个价格敏感型消费者会对新的温和切达奶酪（mild cheddar cheese）感兴趣。特易购的会员制让他们可以每个季度向会员们发放个性化的优惠券及其他折扣——这一项业务的运营规模十分庞大，占了英国每年邮政体量的 6% 以上。运营规模之大就清楚地说明了这个系统让特易购能向对的客户以对的价钱卖出更多对的商品。

在金融业务里，一些银行根据谨慎的数据提供优惠，在无损利润的前提下成功地吸引了新客户。与其简单地向每一位新客户提供低利率，银行不如只向那些最理想的新客户提供低利率。这鼓励了偏好低风险的客户注册，也避免了通过吸引偏好高风险的新客户来增加业务的风险，降低了银行整体的风险。与此同时，通过挖掘现有客户的数据，银行还可重新根据客户利润贡献比对客户进行排序，据此提供不同的服务及收费。

不管公司的针对性定价是否有效，这一做法会一直存在。因为公司有充分的理由向不同的人收取不同的费用来提高利润，而科技的进步让公司在这方面更有底气。不过，针对性定价在不断发展的同时，公司这样操作也会伴随着较大的风险，即客户会慢慢意识到有人付了更少的钱就得到了同样的产品或服务。互联网时代尤其如此，成千上万的客户可以轻易地知道定价的操作。

不过，从卖家的角度来看，这个风险还是比较低的。消费者往往不会留意自己付了多少钱。他们同样不会记得所有价钱，理所当然地，他们也不会去讨论每一件买过的商品的价钱。就算他们知道了他们所付的价钱是不一样的，他们也不见得会懊恼。这对公司来说无疑是有利的，这给了它们在市场上实行针对性定价的空间，而不需对消费者的负面反应过度杞人忧天。（你有问过坐在你旁边的旅客他买的票是多少钱吗？）此外，就算一些客户知道了其中细节，公司也可以相应地改变优惠而让直观对比变得更困难。

针对性定价的另一个风险是零售商在只选择理想的客户上太成功了。如果竞争对手意识到这一点，它们可能会跟风并发现的好客户，最有名的案例是在20世纪90年代初期，MCI公司和AT&T公司为了争夺长距离客户而无意挑起的战争。AT&T向MCI客户提供了如果将供应商换为AT&T就能得到25～100美元不等的支票的优惠。不出所料，MCI还击了，向AT&T客户提供了类似的优惠。结果是几百万的客户换了供应商，有的甚至换了几次，每次换供应商都能得到现金。毫无疑问，在每次转换中，公司会流失客户对现有供应商的忠诚度。[32]

但是针对性定价现在以这样的形式进行不代表以后也会这样。分析方法的改善和手机优惠券等新科技很有可能会改变针对性定价的规则。我们预计，在未来能看见更加细致和更新颖的针对性定价项目，唯一能限制其潜力的只有营销人员的创造力。

有趣的是，与其他定价策略不同，针对性定价不一定会以损害小公司的利益为代价。早期关于针对性定价的著作通常只将它看成是大公司挤压小公司的一种手段。但是，今天竞争性的针对性定价让这种手段不论公司规模而可为任何公司所用，当公司用这种手段与其他公司相竞争时，最后受益的是消费者。讽刺的是，竞争越大就越难通过价格取得优势，最后每家公司的成败只能看产品的服务质量。从这种角度来看，科技是一个很好的平衡杠杆，让所有公司共同站在消费者面前以待评判。长期来说，这种定价方式会鼓励公司对客户更友好并且从市场出发，这些都是对消费者有好处的。

定义自己的商业模式

商业有多古老，价格歧视的历史就有多长。在现代零售的历史中，许多公司开发了许多天才方法来筛选客户，以便它们能使拥有不同价格敏感度的群体支付不同的价格。从这种意义上来看，沃克将Priceline描述成"可能是500年来第一新的定价系统"是夸大其词了。虽然沃克的发言是可笑的，尤其是在我们知道过热的新经济最后的结果时，但是在狂热过去后，他确实以一种简单的定价方法创造了几十亿美元的真实价值。如Syms和爱德华·法林所做到的一样，沃克证明了创新的定价策略不仅能用于销售一种特定的产品，更拥有定义零售商整个价值主张的重要性。

沃克也许不是定价领域的预言家。但是，他的新世界动态定价的蓝图——零售商品的价格实时浮动，人们为同样的产品和服务付不同的钱就快实现了。现代通信和信息技术的发展，尤其是追踪商品流动的射频识别（Radio Frequency Identification，RFID）标签，不难想象，以Priceline和本章讨论的以针对性定价方法为代表的消费者筛选机制最终会共同发力，实现动态定价。商品电子价格标签在消费者走过货架旁时会识别出其购买记录、实时的存货、店内的客户流量甚至根据外面的天气而做出价格变化——这样的日子不会太远了。

但是，在我们拥抱动态定价的新世界前，许多公司通过多年的实验已经学习到了为客户提供诱人、独特的优惠，并且更准确地定位不同类型的客户。在对的时间给对的客户对的优惠，沃克的"自己定价"策略肯定不是唯一成功的定价策略。公司会不断提高它们细分客户的有效率，甚至辨别出客户的购物习惯。最终，会诞生很多像 Priceline 一样的公司。"自己定价"对于客户来说已经是旧闻了，但是对于公司来说，"定义自己的客户"才刚刚开始。

参考文献

[1] Leonhardt, David. Make a Cyber Bid But Don't Pack Your Bags, *Business Week*(June 1, 1998).

[2] Ernst & Young. *Net Entrepreneurs Only* (Hoboken, NJ: John Wiley Press, 2001): 5.

[3] Machan, Dyan. An Edison for a New Age? *Forbes*(May 17, 1999).

[4] Ernst & Young, 5.

[5] Ernst & Young, 5.

[6] Segan, Sascha. *Priceline For Dummies*(Hoboken, NJ: Wiley, 2005): 11.

[7] Griese, Noel L. *Crisis Counselor*(Tucker, Ga.: Anvil Publishers, 2004): 234.

[8] Price, Christopher. *The Internet Entrepreneurs*(Harlow, UK: FT Press, 2000): 42.

[9] Ernst & Young, 19.

[10] Williams, Kathy. Tom D'Angelo Priceline.com's Mr. Inside, *Strategic Finance*(July 2002): 22.

[11] Conde Nast's Portfolio 网站. statistics.

[12] *Op cit .[Williams]*

[13] Priceline 2.0, *Brand Week*(March 6, 2006): 27.

[14] Wilner, Joshua. Exclusive Interview: Priceline.com, *E-Commerce Times*(January 19, 2000).

[15] Jiang, Yabing. Price Discrimination with Opaque Products, *Journal of Revenue and Pricing Management*(January 2007): 130.

[16] Bootle, Roger. London: Nicholas Brealey Publishing, *Money for Nothing* 2003): 238.

[17] Varian, Hal. Priceline's Magic Show, *The Industry Standard*(April 24, 2000).

[18] Rothenberg, Randall. Jay Walker: The Thought Leader Interview, *Strategy + Business*(Spring 2000).

[19] Varian, Hal. A Model of Sales, *American Economic Review* 70(1980): 651–659Conlisk, John; Gerstner, Eitan; and Sobel, JohnJohn Conlisk, Eitan Gerstner, and Joel Sobel. Cyclic Pricing by a Durable Goods Monopolist, *Quarterly Journal of Economics*(August 1984): 489–505.

[20] Chen, Yuxin, Moorthy, Sridhar, and Zhang, Z. Hohn. Research Note—Price DiscriminationAfter the Purchase: Rebates as State-Dependent Discounts, Management Science 51(no. 7): 1131–1140.

[21] Hahn, John-Hee.Damaged Durable Goods, *RAND Journal of Economics*(Spring 2006): 121–133.

[22] Kesmodel, David. The Coupon King, *Wall Street Journal*(February 16, 2008): A-1.

[23] Hartnett, Michael. Coupons Still King, *Frozen Food Age*(October 2006): 41.

[24] Cuneo, Alice Z. Packaged Goods Giants Roll Out Mobile Coupons, *AdvertisingAge*(March 10, 2008): 3.

[25] Kesmodel, *WSJ*.

[26] Jiang, "Discrimination" article—footnote 15.

[27] Zimmerman, Ann. Wal-Mart Boosts Private Label to Court Thriftier Consumers, *Wall Street Journal*(March 17, 2009).

[28] Rohwedder, Cecilie, Kesmodel, and David. Aldi Looks to U.S. for Growth, *Wall Street Journal*(January 13, 2009).

[29] Moore, Pamela. Will Priceline Need a Lifeline? *BusinessWeek*(October 6, 2000).

[30] Arthur C. Pigou. *The Economics of Welfare*(Macmillan, London, 1920).

[31] Rigby, Elizabeth. Eyes in the Till, *Financial Times Magazine*(11–12 November 2006).

[32] Shaffer, Greg and Zhang, Z. John. Competitive One-to-One Promotions, *Management Science* 48(no. 9): 1143–1160.

第 7 章

订购省：基于营销利润的定价模式

* * * * *

"捡了芝麻，丢了西瓜。"

——谚语

我们每周从超市推出来的购物车都装着重复购买的东西——早餐麦片、咖啡、面包和洗洁精。超市为每件商品标上价钱，我们为购买的每件商品付钱，几乎没有什么异样。但当我们回到家时，我们可能会发现邮箱里多了一份杂志。我们也许会在报亭买杂志，但是我们为了出版物每月、每周、每日都能准时到达的便利会选择直接订阅半年或者一年。

这看上去很稀松平常，几乎是生活中的习惯。每周都买的日用品，年制或月制订阅的出版物。但为什么？为什么我们要一次付清年费订阅每天阅读的报纸，而要每周都出去购买每天都喝的咖啡？

这可能真的说不过去。2007 年，经常创新的亚马逊开始试验让顾客在网上购买重复率高的日用品。亚马逊的"订购省"方案让顾客可以设置咖啡、早餐麦片、洗发水、洗衣粉等例行购买的日用品的数量以及重复购买的时间间隔。亚马逊会在顾客指定的时间间隔给顾客送上所指定数量的指定商品。根据亚马逊的描述，订购省方案是一种让你"在咖啡、洗发水、洗衣粉及更多日用品上节省 15% 的开销的好办法，而且你永远不用担心东西用完了"。产品的定价为大批量购买的价格，比商店的价格要低，而且免运费。亚马逊为鼓励顾客订购产品，承诺只有在产品发货的时候，顾客保存在亚马逊网站上的信用卡才会被扣费。顾客可以随时改变或者取消订单。实际上，亚马逊把百货当成了报纸和杂志，同样用订购价格来销售。

表面上，让顾客订购例行购买的百货商品是直觉下的想法，因为信息类、软件类和其他行业都在使用订购方案。但这已超出了好市多收取顾客加入买家俱乐部会费的范畴。打破固有的定价方式需要很多创新的精神及勇气，而且要以顾客为本——而这些品质，在包括零售业在内的很多行业中，都是稀缺的。

百货零售行业和其他行业一样，在如何赚钱这点上想法通常都是相当简单的：把商品放到货架上，定价，然后卖得越多越好。利润就是新鲜蔬菜或者肉类的重量乘以固定的价钱再减去把商品放到货架上的成本。对于百货商店来说，总利润就是商店里每件商品利润的总和。换一种说法，利润就是商店里每一笔交易的利润总和。[1]想象一下如果商店只卖两种商品：蔬果和肉类（见表7-1）。

表 7-1 毛利贡献

	蔬果	肉类	
	25 美元	35 美元	
	5 美元	35 美元	
毛利总和	30 美元	70 美元	100 美元

蔬果只有两笔交易。第一笔交易有 25 美元的盈利，第二笔交易盈利 5 美元，蔬果总共盈利 30 美元。肉类假设也只有两笔交易。第一笔交易赚了 35 美元，第二笔也赚了 35 美元，肉类总共盈利 70 美元。表 7-1 所示的是，毛利总和是 100 美元（蔬果 30 美元 + 肉类 70 美元）。把铺租、工资和冷柜等固定成本减去后，剩下的就是店铺的净利润，也就是商店老板能装入囊中的钱。（为了简单化，我们之后就假设没有固定成本，所以毛利就是我们能拿走的钱。）

乍一看，这个表格非常有用——首先它标明了利润从何而来，其次指明了我们应该怎么做：肉类比蔬果更赚钱，所以我们应该更重视肉类的销售，毕竟这是较大的利润来源。

但是从另外一个角度重新分析这些数字，就可以看到许多表格隐藏的东西。竖式总和把我们的注意力集中在个别类别上。把一个产品所有交易的利润相加，加强了商业中以产品为中心的观点，把每个产品都看作独立的利润中心。

然而，这种观点忽略了产品间的联系。过于重视以最大的利润销售产品——这点在我们看来是最重要的——实际上会让我们忽视了某些重要的事实。虽然这些交易在数据上看是独立的，但实际上消费者会同时购买多种产品。在蔬果和肉类的例子中，当你阅读表格里的信息时，可能不会问蔬果和肉类之间的关联。但是常识告诉我们这种关系是明显存在的。

最重要的是，这种在利润上以产品为中心的观点让我们忽略了消费者的购买动机。不同的消费者购买相同的产品可能出于不同的原因——我们只有静心思考他们购买的原因，才能抓住其中的商机。以产品为中心的坏处还不止如此。有人说，你所衡量的就是你所看到的，而你所看到的就是你所管理的。以产品为中心的看法不可避免地会影响一个人所管理的业务——一个越自律的经理就越容易对其他机会视而不见。

想一下蔬果和肉类之间的例子：如果我们想要提高百货的利润，我们可以尝试降低每个产品类别的可变成本，来提高每笔交易的毛利。比如，我们可以卖没那么容易变坏的蔬果；我们还可以通过广告或促销来提高每个产品类别的交易数量。如果广告预算有限，只能给一个产品打广告，我们肯定会选择肉类，因为肉类在两者之中利润更高。如果我们想做促销，我们也会选择肉类，因为肉类的利润更高，所以降价空间也更高。在以产品为中心的世界里，我们就是这样简单地"数豆子"，很难想到订购与此有何相关。这也许解释了为什么很少有百货零售商会想到以订购的方式售卖产品。

然而，如果我们改变我们衡量百货利润的角度，以消费者为中心，我们可能会看到以前被大家忽视的重要规律。我们也许能发现第一笔同时购买两个产品类别的交易是来自一个看重蔬果的消费者，他到店里来是因为店里有新鲜的蔬果。如果我们没有在店里售卖新鲜的蔬果，这个顾客就到别的地方去了。但是，一旦他来到我们店里，他还会买肉，这让我们赚到了可观的 35 美元。所以，这个顾客总共贡献了 60 美元，在表 7-2 中，这被称为"顾客利润"。同样，第二笔两个产品类别的交易是来自一位看重肉类的顾客，他喜欢店里的肉但是对蔬果无所谓。这个顾客贡献了 40 美元的利润。只要改变一下观察事物的角度，就不难看出，重视蔬果的顾客实际上贡献了 60 美元的利润，比看重肉的顾客还多贡献了 20 美元。

店里的总利润还是 100 美元，数字没有任何变化。唯一变化的是我们看待它们的方式：与竖着把不同顾客购买的产品种类相加不同，我们现在横着相加同一顾客的不同产品类别。

这个变化看上去带点技术，但是这有重要的作用。转移重心将让我们以完全不同的角度看待自己的业务，无论是我们对顾客的了解，还是我们应该如何更好管理自己的业务。这让我们能从以产品为中心转变成以顾客为中心，把顾客放在我们利润的正中心。

表 7-2　盈利来源

	蔬果	肉类	顾客利润
看重蔬果的顾客	25 美元	35 美元	60 美元
看重肉类的顾客	5 美元	35 美元	40 美元
产品毛利总和	30 美元	70 美元	100 美元

表 7-2 就是用这种利润观点来进行计算的，从表 7-2 我们可以看出，在促销活动中大肆宣传肉类不可行。毕竟看重蔬果的顾客给的钱更多。我们实际需要吸引更多看重蔬果的顾客。如果我们只能给一个产品打广告，我们应该把商店宣传成一个新鲜蔬果的目的地，即使账面上我们的利润还是多来自肉类。我们可能甚至会在蔬果产品上使用亏本销售的定价模式，低价的蔬果可以吸引更多看重蔬果的顾客，让我们赚更多钱。

这种以顾客为中心的观点也有助于销售更多的肉类，并且能帮助我们找到其他跨类别销售的机会。从店内营销到货物摆放，我们可以用多种方式向看重肉类的消费者销售更多蔬果，反之亦然。这种心理上的改变让我们有了许多新的机会——更低的成本，比起观察账面利润，我们有了更多的潜在机会，而这些只需要我们从不同的角度读取数据。

以顾客为中心的利润测量让我们不用在销量和毛利率上和消费者掰手腕就能提高盈利。它还能让我们找到无穷的机会来源：任何零售的运营都不会只有两种消费者。就算是同样的消费者，在不同的场景下也会有不同的消费行为。尽管消费者有很多习惯性行为，但他们在不同场合会买入不同的商品，也会在不同的产品类别下有不同的行为。例如，一个买便宜乳制品的消费者可能会买高价的巧克力。随着时间识别消费者的消费行为和追踪他们的消费习惯，我们能鉴别出一个顾客现在和未来可能会喜欢的一系列产品。这些新的消费者观察结果让我们在设计促销和折扣激励来吸引消费者时更灵活，同时也能给我们带来更多的盈利。

从以顾客为中心的视野出发，就不难看出亚马逊是如何察觉到销售日用品的创新机会了。亚马逊意识到，消费者的购物篮里的一部分产品是他们每周或者每月都会购买的——有估计说这个比例高达85%。[2] 通过订购省方案，亚马逊可以牢牢抓住消费者一大部分的食品柜。一家马虎的商店会想方设法在每件商品上赚最多的钱，但亚马逊反其道而行之，通过订购价格延伸了与消费者之间的宽度、深度和长度。这样的定价形式不仅激励消费者和商家"谈恋爱"，更加深了这段感情。如果亚马逊的订购省方案足够强大（从亚马逊的物流中心网络来看，这是保守估计），重复购买的体验甚至可以提升亚马逊作为高利润产品卖家的品牌信任度。

拿到重复购买的订单让亚马逊有不少战略上的优势。买家可谓是把他们未来的核心购买调成了自动驾驶模式。因此，订购省方案通过减少消费者频繁做出购买决定的需求来降低价格竞争的短期压力。这把竞争者逼进了被动防守模式，因为订购省方案这种消费者与卖家的长久的关系抢占了消费者的空间、时间以及金钱。如果你已经订购了一份报纸，就不会再在报亭里多买一份。同样，如果你知道明天厕纸就会送上门了，今天回家路上就不会再买了，无论它们是否在打折。这对亚马逊十分有利，因为订购省方案为其创造了不随季节和买家心情而起伏的多次反复收入源。最棒的是，当顾客习惯了亚马逊订购制带来的便利时，亚马逊就打开了其他订购与非订购产品的机会大门。时间会证明亚马逊的订购省方案最终能否成功。

但是，保持在定价中以顾客为本的策略让亚马逊成功的概率更高。以顾客为本的利润模式似乎已经让亚马逊发现很多其他的新机会了。亚马逊 Prime 会员这个新方案就解决了运费的问题，而运费一直都是直接对消费者销售商品的公司面对的大问题。大多数直接对消费者销售商品的公司会用两种传统方式解决这个问题：一是根据实际运费收费；二是另作利润中心。其他公司尝试过把运费作为盈利，假设消费者最留意的是网站上的"贴标"价格或者目录表。一般来说，这种假设是正确的。但是分析师发现两种方式都令人不甚满意。大部分时候，"贴标"价格是最重要的，但并不是对所有消费者来说都是这样。起码对亚马逊上的大部分顾客来说不是。偶尔购买的消费者可能觉得运费无所谓，但是对于亚马逊的主要顾客来说，运费是很重要的考量。与其他直接对消费者销售商品的公司一样，亚马逊在消费者消费满特定金额后免运费。

这多少刺激了消费者的购买行为，但是不足以让亚马逊成为购买多样产品的首选。只要 79 美元的年费，所有订单就可以 48 小时内免费送货的亚马逊 Prime 会员制，解决了这一问题。这个堪比天才的计划不仅让亚马逊比其他普通零售商棋高一着，同时还让顾客在亚马逊上，比起其他网站投入更多：花了 79 美元后，大多数消费者都想在亚马逊上买更多东西来让会员费物有所值。

79 美元的会员费也足够高到可以成为一种排序机制，筛走那些偶尔的（不赚钱的）的网上购物者。如果一个顾客不经常在网上购物，他可能不会预付 79 美元的会员费。因此，亚马逊发现了一种为最赚钱的顾客提供廉价运费的方式，同时还借此机会锁住了他们的心。会员制给顾客套上的锁是策略中重要的一环，因为亚马逊的目标不只是让顾客买得更多，还让他们在亚马逊上花更多时间浏览，买那些更值钱的东西；让他们不再把亚马逊只看成一家网上书店，而是电器商店。"如果你已经花了 79 美元的会员费，那你就会想，嗯，我现在想买个数码相机，我可能会在亚马逊上看一下。"亚马逊的 CEO 杰夫·贝佐斯（Jeff Bezos）解释道："这让大家开始浏览其他类别的产品。"[3]

亚马逊没有透露太多方案成功与否的细节，但是现在亚马逊 Prime 会员制已在全球各国推行，这就证明了会员制是有效的。一个分析师估计，在 2007 年年底就有超过 344 万的亚马逊顾客加入了 Prime 会员。这些主要顾客的购买占了亚马逊总销售额的 25%。[4]

我们所讨论的以顾客为本的利润策略是"营销利润"的一种特定应用。营销利润是一种衡量顾客购买行为和习惯的利润指标，和传统的会计利润指标是一致的。根据行业和竞争的激烈程度，这个指标可以以不同的方式得到应用。营销利润不是只能在寻找机会时使用，它还是一种避免错误的有效工具。一双老练的眼睛只要看一眼资产负债表，就可以发现一门蒸蒸日上的生意事实上正处于崩溃的边缘。从营销利润的角度分析可以发现那些隐藏颇深的公司战略性失误。比如，一家连锁超市的营销利润（在这里定义为全店所有产品类别的盈利总和）分析报告发现，超市里十大产品类别的营销利润相差甚大。蔬果在营销利润里排名第一——这一点都不奇怪，因为优质蔬果在消费者选择超市时至关重要，然后他们会在店里同时购买许多其他类别的产品从而给超市带来盈利。

但是乳制品、肉类、熟食和烘焙 4 个大的产品类别的营销利润均为负数。这表示这 4 种产品类别是对店里整体利润有负面影响的。这个发现让人极为吃惊，因为在传统账面上，只有烘焙是亏本的。账面上的亏钱很容易理解，即当卖出的产品不足以支付生产和间接费用时，商店在这个产品上是亏钱的。那么营销利润为负意味着什么呢？负营销利润发生在当顾客被特定产品吸引到店时，没有买其他东西或者买的东西盈利低而账面成本高。营销利润实质上是衡量产品所具有的裙摆效应的强弱指标。同时，营销利润还能暴露一个问题——产品是否吸引了错误的顾客群体到店里。[5]

通过会计利润和营销利润这两个放大镜来检查零售商业务，我们可以把店里的库存分成4部分：一些账面利润高（收入和成本差别大）但是营销利润低的产品，一些账面利润和营销利润都高的幸运的产品，还有一些账面利润低但是营销利润高的产品，最后的则是那些两者皆低的产品。这种新的角度不仅给了零售商重要的手段给正确的产品和价格组合分类，还支持了不同业务的开展。一个账面利润和营销利润皆高的产品对于零售商来说就是明星产品，值得零售商投入更多为其进行推广。另外，一个产品账面利润高但营销利润低的产品，其本质上对于消费者来说是附带产品，这种产品只能贡献自身的利润。

这意味着店内营销是提高销售、让产品利润最大化的关键，而不是用此来吸引更多的消费者。相反，营销利润的分析显示，如果一个产品营销利润高，即使其账面利润低甚至为负数，也可以将它留在店里，这样的产品是挺好的亏本销售"候选人"。但是如果一个产品的账面利润和营销利润都是亏本的，那么零售商就要认真思考是否急需售卖这个产品了。

营销利润还是打造员工激励机制的有效指标，因为它鼓励大家不只局限于关注一个部门或者类别，而是思考产品类别在整个商店里的作用。

会狮子吼的老鼠

营销利润的概念不只对于亚马逊这样的零售商大有用处，对于其他行业也非常有用。娱乐圈巨头也可以通过营销利润这一概念而大赚特赚，营销利润就在20世纪80年代为迪士尼乐园的营收增长提供了新的角度。

20世纪80年代早期，迪士尼乐园（位于加州阿纳海姆市及佛罗里达州奥兰多市）已经是十分受人喜爱的景点。华特迪士尼公司（The Wart Disney Company，TWDC）长期通过电影和常青电视节目推广旗下公园，迪士尼乐园已不仅仅被视为游乐公园，更是一个家庭和孩子们的胜地。在迪士尼乐园游玩的体验几乎成了一种童年的象征，这也是一个迪士尼乐园重要性的象征：柯达公司预测，北美5%的照片都是在迪士尼乐园拍的。[6]

现在，数百万家庭每年花上千美元在以迪士尼电影为基础打造的场景中游览。1984年，迪士尼乐园吸引了3 000万游客，每个人买的门票价值18.95美元，更不用说其他食物和纪念品了。

但是当42岁的迈克尔·埃斯纳（Michael Eisner）接管迪士尼后，他没有如其他人般觉得迪士尼乐园已经是一门成熟的、赚钱的生意，他看到的是迪士尼为其他人打造了金子般的魔法王国，尤其是外来酒店和服务于公园的其他业务。

任何查看公园账面利润的人都会为迪士尼乐园赞叹不已。但是埃斯纳在这些数字背后看到了消费者的购买行为和消费习惯，意识到迪士尼乐园的利润只占了迪士尼游客每年为奥兰多带来的数亿美元中的很小一部分。

虽然钱包鼓鼓的游客来奥兰多时是冲着迪士尼乐园来的，但是迪士尼乐园的利润只占了游客度假花销的小部分——大概只有游客度假花销的25%。[7]为了从这些米老鼠的粉丝们身上获得更多收入，埃斯纳提出了几个方案。首先是提高公园的门票价格。这么多游客特意为了来迪士尼乐园游玩而飞到奥兰多，他想不出迪士尼不加价的理由。门票从1985年的18.95美元逐渐上涨到1988年的28美元，4年里，迪士尼每年增收3.1亿美元，而且几乎没有任何负面的报道。接着，埃斯纳开始扩张迪士尼的酒店和餐馆。一个案例分析说："并没有受到传统娱乐公司做法的限制，他投资了零售和度假价值链的不同端，从根本上重新塑造了迪士尼的业务设计。"[8]

到1990年，迪士尼乐园营收30亿美元，比娱乐部门（22亿美元）和消费产品（5.74亿美元）都要多。[9]而且占迪士尼游客花销的份额也增长了3倍：该公司预计当前占有75%的游客花销份额。[10]

如今公司不断完善以获得最大份额，向不同的旅游群体提供全包的主题公园旅游业务，包括了迪士尼豪华别墅（"像家一样便利的舒适住宿"）、迪士尼平价度假村（"五彩缤纷好玩又便宜的地方"）以及露营地。一个迪士尼假期可不便宜——现在4天3晚的迪士尼假期需要花费1 236～3 640美元，还不包括餐费。[11]但是游客仍然络绎不绝，公司的服务依然好评不断。在整体价格之外，不同的打包假期选择覆盖了顾客多样的喜好。迪士尼为带着小孩的父母提供便利，比如行李直接运送到酒店以及从酒店到乐园门口可乘坐穿梭巴士等。迪士尼乐园另外一个吸引人的福利是，可以在公共开放时间外提前进园或者延迟离开——这很有意义，因为迪士尼乐园内人潮汹涌和奥兰多有时候热得让人难以忍受。十分有趣的是，这个吸引游客的打包福利也有助于日间乐园繁忙时分散人流。和亚马逊 prime 会员制等其他营销利润的主动方案一样，迪士尼是从运营未被使用的能力上来赚钱的。

这些方案共同把更多游客吸引到魔法王国的城墙里，并把他们留在里面。上次和家人一起到奥兰多游玩的时候，我们在迪士尼世界里住下，并且"出不来了"。最后，迪士尼几乎拿到了我们在奥兰多游玩的全部花销。

迪士尼的营销利润思考并没有止步于只赚取到乐园游玩的家庭的花销。迪士尼的策划人为旅游市场的其他部分推出了新产品，包括高管课程（迪士尼学院）、公务会议和迪士尼邮轮等旅游体验。公园和度假村的运营收入增长到了 115 亿美元。[12] 如果埃斯纳没有让公司采用全面以顾客为本的利润策略，那么这些都不会发生。

用营销利润分析消费者开销的份额来重新看待市场不只局限于那些娱乐企业。无论怎么看，沃尔玛体量已经够大，几乎没有什么成长空间了。该公司在 2008 年营收 3 780 亿美元，一跃成为最大的福布斯 500 强企业。在很长的一段时间里，投资者都在想，沃尔玛还能变得多强大。为了解决这一忧虑，沃尔玛不仅从账面上的营收利润入手，更分析了消费者零售购买的份额。从这个角度来看，沃尔玛在零售销售上所占的份额实际上较小，只有全美国零售销售的 8%，公司还有很多增长的空间。这样看的话，沃尔玛重新变成了一个努力的竞争者，而不是让竞争对手望尘莫及的庞然大物。沃尔玛显然也明白这点——所以它孜孜不倦地开发更多的产品类别，扩展新的零售业务，进入城市中心，以及试验不同的商店形式。

麦当劳是另一家通过这种理念收获颇丰的公司。有别于快餐市场上被更小更弱的竞争对手包围的情况,麦当劳所用的顾客指标很不一样:胃的份额。

麦当劳在美国每天卖出超出 400 万个汉堡包,在它 60 多年的历史里已卖出 1 000 多亿个汉堡包。公司的增长机会在哪里呢?如果从营销利润的角度来看,答案就是:哪里都是。2008 年,麦当劳的总营收为 235 亿美元,在福布斯 500 强企业中排名第 106,是福布斯 500 强企业中最大的食品业务公司。但是比起美国 11 650 亿美元的总食品花销,麦当劳所占的份额小得可怜。与 4 220 亿美元的外食市场相比,麦当劳要拥有更大的市场份额还有很远的路要走。这种新的观点让麦当劳的高管意识到他们面对的挑战不在于汉堡王(Burger king)或者温迪汉堡(Wendy's)的日益壮大,而是如何让消费者在麦当劳花更多的时间和金钱。

要达到这个目的,麦当劳最简单的做法就是让消费花更多的钱。正如迪士尼提高了门票价格,麦当劳也默默地缓慢提高价格。从 2001 年到 2005 年,麦当劳的价格涨幅是缓慢而稳定的:2000 年涨 1.9%,2001 年无涨价,2002 年涨 2.1%,2004 年和 2005 年各涨 5%。对于顾客来说,这种涨幅不明显,但是逐步涨价乘以巨大的顾客数量不啻为一个金矿:在这期间,麦当劳的营收从 149 亿美元增长到 205 亿美元。

麦当劳还致力于改善时间维度以提高消费频率。一个最成功的方案就是开心乐园餐——这也许是近 30 年来最优秀的打包策略。开心乐园餐最初是借鉴一个小型地区快餐连锁店的概念,其在 1978 年于美国上市。麦当劳的高管发现在喜人的盒子里装上小玩具来推广儿童套餐可极大增加销售。这个逻辑很简单,然后麦当劳很快就推出了一个也相当成功的想法来吸引儿童顾客：一个室内游乐场。这与开心乐园餐的逻辑是相同的："游乐场把孩子带过来了，孩子把爸妈带过来了，爸妈把钱带过来了。"一个观察家解释道。[13]

新的开心乐园套餐用一个颜色丰富的纸盒，装上汉堡包、鸡块、薯条、饮料和一个玩具。玩具至关重要。玩具提高了套餐的感知价值，并且带来重复销售，比如一套火车玩具就需要每周来买套餐才能集齐。有一个最成功的例子，在1997年的"熊出没"玩具推广中，这一系列可收藏的布玩偶引起了顾客极大的热情，麦当劳最后在10天内卖出了1亿份开心乐园套餐，比平时多了10倍。[14] 这等于美国的每个小孩都买了4份开心乐园套餐。实际上，很多套餐是那些想收藏玩具的大人买走的。这些人最后变成了开心乐园套餐的第二大消费群体。

在30年的历史中，开心乐园套餐的形式并没有多大改变。在美国，开心乐园餐现在会提供一个健康的甜点，其他一些国家会有其他食物的选择（比如在中国，孩子们可以放弃汉堡包而选择用蒸包做成的鸡蛋芝士三明治）。[15] 但不管在哪里，每个人都会在开心乐园套餐里找到那个最重要的玩具，这个完全不在菜单上的产品。麦当劳在全球范围内每年赠送15亿个玩具。在美国，1/3的玩具出自麦当劳。[16] 令人难以置信的是，玩具的激励如此成功，麦当劳现在已经是世界上最大的玩具发行者。"从某种意义上来说，麦当劳是玩具公司，而不是食品公司。"一位退休的快餐业高管评论道。这种说法一点都不夸张。行业分析师指出，玩具是麦当劳的重要业务：一个成功的玩具能增加4%的销量，而"熊出没"这样的大热产品能刺激总体销量飙高15%——对于成本为30～50美分的小玩意儿，这种投资赚大了。[17]

今天麦当劳还在使用营销利润分析来重新整顿自己所占的市场份额，而这次是为了不同的顾客群：高端的咖啡消费者。这个快餐的先驱者正快速将自己再造为细酌慢饮的地方——社会学家称之为"第三种地方"，既不是上班地点也不是家，但是同时带有两者的一些特点。追寻着星巴克的脚步，麦当劳试着利用消费者需要在一个令人愉悦而价格适中的地方喝杯好咖啡这一心理。自2004年起，40%的麦当劳餐厅已经重新装修成一个可以消磨时间的地方，有舒服的椅子、自然的灯光、无线上网和美好的咖啡。[18]麦咖啡，这个新的成员是在大餐厅里设有的细分品牌，在欧洲极受欢迎，已经拥有1 000多个分点。麦咖啡在德国就有500个分点，是德国最受欢迎的咖啡店之一。

最让高管们兴奋的是，麦咖啡不仅增加了咖啡和早餐烘烤面包的销售，同时还带动了巨无霸和其他汉堡包的销售，麦咖啡似乎吸引了一批以前不怎么来的顾客。德国麦当劳的大多数餐厅都重新装潢、提供咖啡，这个餐厅内部的销售点在德国能增收12%～15%，有时候甚至高达20%。麦当劳德国运营总监霍尔格·贝克（Holger Beeck）说："突然之间，我们好像就在玩不同的游戏了。"[19]正如玩具把孩子们和家庭吸引到麦当劳一样，现在咖啡把有消费能力的大人带来了。

在咖啡上收取的高价是麦当劳更着眼于营销利润而不是账面利润的一个体现。传统上，麦当劳更吸引那些对价格敏感的顾客。一个原因是灯光充足，座位不是特别舒服，所以来客很快就走了，流浪汉也不会久留。但是麦咖啡没有选择在价钱上竞争，而是选择了作为星巴克的可替代品。麦咖啡的咖啡只比最大的竞争对手星巴克便宜一点点。在纽约，一杯20盎司的麦咖啡定价为4.22美元，比起同样大小的星巴克的相似饮料仅低了 13 美分。[20]

早餐、午餐、晚餐和新的咖啡，这就是麦当劳的全部了吗？并没有。很难说麦当劳下一步营收增长会来自哪里，但是毫无疑问，麦当劳在努力抓住消费者的胃的同时，有很多的新机会正待开发。也许有人会问，到底为什么麦当劳的产品只能在旗下餐厅贩卖呢？为什么麦当劳不能在超市冰柜里出售冷冻甜点和汉堡包呢？还有当地食品呢？金宝汤呢？星巴克就已经做出了类似的业务开发。有件事情我们是可以肯定的——麦当劳会一直观察其目标顾客的消费习惯并且更新菜单、把握机会。

真正的底线

公司以利润最大化为目的来定价，因此，公司以着眼所见的商机和如何把握商机来衡量盈利情况也就毫不稀奇了。我们本章讨论的亚马逊和其他公司说明了从顾客至上的角度提供可以挖掘出已有产品中的空隙和全新产品系列的机遇。并且它还是简化定价结构、迎合并影响顾客购买行为的有效方式。

亚马逊日用品的订购定价模式是最显眼的，因为很少人会想到可以把订购模式用在日用品上。但是，当我们能更灵活思考利润模式和把重心从每日销售额转移到消费者身上的时候，如亚马逊和其他公司般，找到并抓住新的机会应该就会更容易。最近，我们发现订购模式还解决了许多电影院的一个共同问题：如何提高大片之间的上座率。为了解决这个问题，两家法国最大的电影院从营销利润的角度上采取行动，吸引常客在那些没有多少新片上映的月份也到电影院来。

法国高蒙电影公司（Gaumont）和百代电影公司（Pathé）推出了 18.90 欧元（1 欧元 ≈ 8.21 元人民币）的电影月票——只可通过 12 个月的合约制购买。跟亚马逊 Prime 会员制相似，电影月票有两个作用：首先创造了让月票持有者觉得有必要经常使用才能值回票价的沉没成本，其次是通过顾客使用月票时觉得"不要钱"，而降低了其他选择的吸引力。如果电影院收费的问题能解决，在法国显然是解决了，这个方案在美国也完全适用。从同样的角度出发，星巴克也可以用同样的订购制度防止顾客流失。

营销利润的价格并不代表非得让顾客签订长期的持续合同。通用电气公司（General Electric）对一些工业引擎按小时收费。这对于用户来说具有很强的吸引力，因为这减少了引擎故障的经济风险。这对于通用电气公司来说同样有利，因为这让顾客将该公司视为长期的合作伙伴，而不是当成在产品保障期过后就再无交集的公司。软件业最近的大势——云计算，也同样通过使用量来销售，方便顾客更合理购买，因为这将软件销售合约这种固定成本转变成了可变成本。云计算外的其他服务，也可以从同样的定价策略中获利。

着眼于营销利润的定价模式需要营销人员的不少努力。这种操作有难度，并且很容易出错，因为对消费者进行的分析一向都是复杂的。然而，从本章案例可看出，以营销利润为目的的定价模式确实物有所值。以营销利润为本让一家公司能在定义和重新定义价值主张时，看得更长远，并且能反复地探讨和反思："我们的顾客是谁？我们在卖什么产品？"久而久之，这还能减少公司过于内敛和仅沉迷于内部工作模式的风险。

如亚马逊创始人贝佐斯指出的一样，公司正变得以技能为本，而不是以顾客为本。当公司想要扩展新领域的业务时，第一个问题就是"我们为什么要这么做——我们在这个领域没有任何技能"。这种方式让一个公司的生命期变得有限，因为世界变化如此之快，以前领先的技术现在对于顾客来说可能是可有可无的了。最稳妥的策略是从"我的顾客需要什么"这个问题出发，然后再盘点自己的技能树缺乏什么。[21]

最后，我们要补一句，定价时，只有包容和影响消费者的购买决定，才能达到真正的利润最大化。

参考文献

[1] Drawn from Chen, Yuxin, Hess, James D., Wilcox, Ronald T., Zhang, Z. John. Accounting Profits Versus Marketing Profits: A Relevant Metric for Category Management, *Marketing Science* 18(no. 3)(1999): 208–229.

[2] Lisante, April. *Philadelphia Daily News*(May 1, 2008).

[3] Hoff, Rob. Amazon's Prime Challenge, *BusinessWeek* (February 12, 2009).

[4] Unbundling as a Pricing Strategy Blog, Bundling—Amazon Prime.

[5] Chen, Hess, Wilcox and Zhang, 210.

[6] Capodagli, Bill, Jackson and Lynn. The Disney Way: Harnessing the Management Secrets of Disney in Your Company(New York: McGraw-Hill Professional, 2006): 185.

[7] Young, Roy A., et al. *Marketing Champions* (New York: Wiley, 2006).

[8] Chen, Hess, Wilcox and Zhang, 368.

[9] Peck, Helen, et al. *Relationship Marketing* (Oxford: Butterworth-Heineman, 1999).

[10] Young, 57.

[11] Disneyworld.disney.go 网站 (2009 vacation packages).

[12] Walt Disney Corporation Annual Report 2008.

[13] Wood, Ron. Into the Value Zone: Gaining and Sustaining Competitive Advantage (Lanham, Md.: University Press, 2008): 93.

[14] Oxoby, Marc. *The 1990s* (Westport, CT: Greenwood Publishing, 2003): 128.

[15] Barnes, David. Operations Management (London: Cengage Learning EMA, 2008): 391.

[16] Schlosser, Eric, Wilson and Charles. Chew on This, (New York: Houghton Mifflin, 2007).

[17] Barnes, Julian E. Fast Food Giveaway Toys Face Recalls, *New York Times* (August 15, 2001).

[18] McDonald's Annual Report 2008.

[19] Food Service Europe 网站. McCafé: Coffee & Cake, a Growth Module (February 5, 2009).

[20] Boyle, Christina. Look What's Brewin': Mickey D's Bucks Up Joe Biz, *Daily News* (April 17, 2009): 10.

[21] Jena McGregor. Bezos on Innovation, *BusinessWeek* (April 17, 2008).

第 8 章

势利的溢价

✶ ✶ ✶ ✶

"一分钱一分货。"

——佚名

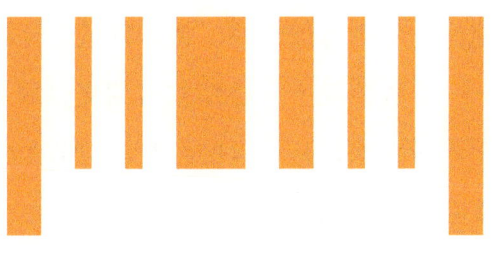

在 20 世纪 60 年代，用大来信用卡公司（Diner's Club）和美国运通公司（American Express）的信用卡付款带来的不只是便利，还有地位：信用卡是某种地位的象征。而信用卡公司从年费中赚取费用。

随着市场扩张，竞争让信用卡的年费变得更低。基本上每个人都有信用卡了，大多数消费者还会有数张信用卡。1997 年至 2005 年间，信用卡的数量增长了 40%，从每人拥有 1.8 张信用卡增长到了 2.53 张。为了生存，多数信用卡公司改变了商业模式。[1] 最聪明的信用卡公司管理者是那些把自己视为商品提供者的人，他们深知销售的最佳策略往往是市场延伸得越广越好、价格越低越好。他们降低甚至取缔了年费，仅从其他费用上赚钱——多数情况下，是那些逾期支付账单的利息收入。虽然额外的费用对于消费者来说是讨厌的存在，但却是信用卡公司的一大收入：在美国，每年的额外费用高达 110 亿美元。[2]

当各公司为了抢占市场份额而各显神通时，一些公司开始从价格上入手来瓜分市场——这种方式还是让人震惊的，尤其是在各家公司已经把年费降为零时，它们把价格定得奇高。通过高价，它们把信用卡这种消费者口中的"塑料卡片"打造成了身份的象征。

从现金到地位

可能最闻名的尊享信用卡就是美国运通公司的百夫长卡（Centurion）了，俗称黑卡。美国运通公司在 1999 年推出黑卡，受邀办理的百夫长卡首先是以为超级有钱人量身定做的神秘黑卡进行推广的，黑卡持有者刷卡无上限，包括购买私人飞机。因此，黑卡的加入费用为 5 000 美元，再加上 2 500 美元的年费。黑卡必须是独家的：只有 1.7 万人的钱包里能拥有黑卡。会员制有很多好处，除了从航班升舱到能和泰格·伍兹打一场高尔夫球，黑卡最大的好处在于，在柜台刷卡时那种无上而无形的特别意义。一个黑卡持有者接受 CNN 采访时说他"享受黑卡带来的明星待遇"。

追随美国运通公司的成功之路，其他信用卡公司推出了相同的服务。2004 年，顾资银行（Coutts & Co.，一家英国私有银行，英国伊丽莎白女王是其客户之一）向高资产客户推出了紫卡。[3]2008 年 12 月，可能是为了在信贷危机时抢走美国运通公司的业务，Visa 推出了价值 495 美元的尊享卡，并称之为"黑卡"。Visa 的网站上把这个产品形容为"对于那些追求最美好生活的人……黑卡不仅是另外一张塑料卡片。用石墨打造的黑卡，是最终的购买工具"。

这种金融服务的溢价就算没有白金或者石墨也能起作用。高资产的投资者通常为那些并没有比其他便宜但同样好用的金融服务花费更多。比如，收费昂贵的分开管理的账户的数量得到了增长，但是其中许多投资的表现并没有比那些低收费的指数基金或者一篮子交易基金的好。

虽然一些投资者也许会为了提高投资表现而开设分开管理的账户（很多时候是因为股票拥有权比共同资金股份在税收上有优势），这些产品的绝大部分价值更在于分开管理账户所带来的优越感。"分开管理账户能给你带来地位,以及随地位而来的权力、控制感和独特感。"梅尔·斯塔曼(Meir Statman),加州圣克拉拉大学(Santa Clara Vniversity)的行为经济学家如此解释。[4]

这乍看相当的武断,但是有一个论据支持了斯塔曼的观点:分开管理账户的"纸面"福利在于,虽然电脑的发展早在多年前已支持更小型账户的管理,但小于6位数的账户在市场上并不多见。[5]

随着财富的递增,对冲基金之所以受欢迎的部分原因在于人们对名望的渴求。的确,某些策略,比如短期的衍生品,往往只向对冲基金开放,而不向双向基金开放。但是,和分开管理账户一样,满足追求名望的需求是产品自身的一部分。因为虽然一些对冲基金比股市表现更好,但是很少能真正成功。2005年,一项调研通过分析1994～2004年的数据发现,即使最优秀的对冲基金在数年表现超乎预期后,也会归于平庸。那些表现很糟糕的对冲基金倒是从头到尾的糟糕。事实上,对冲基金每年都增加的就只有它们所收取的费用。在费用上,对冲基金真是"所向披靡"。标准的对冲基金收取的费用是每年资产的2%,加上利润的20%,算下来每年对冲基金的总收费可高达资产的3.5%。[6] 一些对冲基金的收费更高,据说明星投资经理詹姆斯·西蒙(James Simon)收取资产的5%和利润的44%作为对冲基金的费用。[7]

大部分情况下,高昂的费用主要被看成一种必要的"恶魔"——要留住最优秀、最聪明的金钱管理者的红利。但是其实它和黑卡一样,高标价赋予了客户地位与神秘感。

与基金的实际表现相比,这两个特性对客户来说十分必要。确实,高昂的费用和低效的表现自1948年阿尔弗雷德·温斯洛·琼斯（Alfred Winslow Jones）开创对冲基金以来就是对冲基金神秘面纱的一部分。自由撰稿人琼斯在撰写《财富》杂志一篇名为《预测之时尚》的文章时，采访了许多市场技术分析员，之后他有了一个想法。琼斯将长期持有的低估股票和短期持有的高估股票相结合，以减少短期和长期投资的整体风险，琼斯将这个想法称为"对冲基金"，这个概念是简单的，但却是创新的。[8] 文章正式发表前的两个月，琼斯和3位朋友在此想法的基础上合力推出了价值10万美元的对冲基金。[9]

琼斯在哥伦比亚大学所获的学术培训（他曾在哥伦比亚大学获得博士学位，但是经济大萧条让他转行从事新闻），在两点上构成了他业务的基础。第一，琼斯从在哥伦比亚大学认识的一位朋友的投资基金那里复制了其收费结构——投资收益的20%。这位朋友就是传奇人物，投资者及金融教授本杰明·格雷厄姆（Benjamin Graham）。[10] 第二，琼斯本身就是知识分子，这一点对其基金的成功不可或缺：他早期的许多投资客户都是作家和艺术家，这些客户给对冲基金增添了一些名声，同时让产品有了与华尔街不同的标记——那些能真正了解他在做什么的人，反而少了恐惧之心。从一开始，琼斯就把独特性包装为对冲基金的一部分："对冲基金的合作关系，就像俱乐部的会员制一样。它认证了一个人的财富，还体现了一个人的精明程度。"[11]

精心打造的低调也有助于突出其神秘感。部分的低调是必需的：就如曾经，证券法律不允许直接向公众募集，其余的必须和琼斯合作。直至《财富》杂志对琼斯的文章发表前，琼斯的基金运营"在相对保密的情况下取得了巨大成功"[12]。大部分关于琼斯的故事把他打造的神敏感视为他个人的古怪喜好，但对于一个首先作为社会作家，而后作为记者，采访了数百甚至数千人的人来说，这一特质很不合理。事实上，低调对于营销独家产品时十分有效，身为前金融记者，琼斯不可能想不到这点。

有一个细节特别能证明琼斯很明确地知道自己在做什么。在《财富》发表的革命性的报道里，琼斯并没有使用他工作时的照片，而是选择了一张他和妻子在墨西哥城拍摄的照片。照片背景里有棕榈树，让他看起来像间谍电影的人物，这多少为他增添了些神秘色彩。对冲基金成立18周年后，第一篇报道琼斯的文章，《没有人能追上的琼斯》，发表于1966年的《财富》。文章里说琼斯"很少拍照"，这也增强了琼斯独有的印象。

高收费和神秘感——这些具有同样功能的营销手段仍然强大无比，即使是在已经发展成了市场容量有2万亿美元的产业里。对冲基金与收费仅为组成其指数基金的1/10，甚至有同样甚至更差的回报率，为什么就是有人愿意每年支付资产的4%～6%的费用来购买对冲基金呢？原因和那些愿意为信用卡支付2 500美元年费的人一样：斯塔曼很久前就说过，和其他的服务一样，金融服务能为买家提供"可表现的好处"。他是这么解释的：产品和服务中的表现性特征让我们找到自己的价值观、社会阶层和生活方式，并把它传达给别人；表现性特征还为产品和服务的功能性特征增添了意义。[13]

从这个观点来看，被证券交易委员会定义为"老练投资者"的人在支付分开管理账户和对冲基金的高昂费用时并不是一无所获。他们得到了一种价值，一种社会阶层的特权感。

特殊邻居

正如琼斯的例子说明的那样，投资者通过琼斯公司管理自己的金钱而获得的兴奋感来自产品之外的因素——也就是斯塔曼所形容的"可表现的好处"。琼斯基金和其他高价产品的另外一个有趣的方面是，它们具有经济学家所称的正外部性——在这些产品下，这种正外部性就是和那些聪明和成功的人打交道的机会。这个想法并不是新的，一个古老的中国故事早就总结了这种无时无刻都存在的现象。在中国，曾经有一个学者用 1 000 两买下一所房子。不久之后，一名商人搬到了他隔壁。有一天这两名邻居相遇了，并开始讨论房价。

学者问："你付了多少钱？"

商人回答："9 000 两。"

学者惊道："我不久前才付了 1 000 两。为什么你的这么贵？"

商人回答："房子我只付了 1 000 两。"

学者问："那剩下的 8 000 两呢？"

商人回答："那是为了与你为邻而多付的。"

西方的营销人员自然也知道邻居的重要性。以此延伸，价格本身就有助于吸引理想的邻居。和黑卡以及对冲基金一样，高昂的价格产生了一种神秘感。一些高档大楼的案例就说明了这种概念在高端市场是如何运作的。有些高档大楼，楼下是奢侈品商店，楼上是豪华公寓。

为了给大楼打造出"奢侈品目的地"的形象，大楼拥有者会"赌一把"。他们以远高于市场价格的价格出售公寓——一间4居室公寓的售价为500万美元,这在1983年已经是非常贵了,算得上是"史上最高价格"[14]。拥有者认为,顶层的人在意的不是价格,而是他们享有的地位。他们说价格是区分社会群体的天鹅绒绳索,而不是一种价值的衡量。事实上,过度支付可能有助于筛选住户,创造出特殊的光环。

这些人赌赢了。这些大楼对于一些人来说具有不可抗拒的诱惑力。当然了,地产界这种定价策略的成功在于卖方要找到一群想要公开彰显自己财富地位的人。在那些不习惯"炫富"的市场中,这种策略的效果就要大打折扣。在某些国家,房地产开发商尝试了同样的策略但是失败了,因为社会风气不推崇"炫富"。被归类成富人群体并不能让人觉得特别,反而会让人觉得不安。他们可能想的并不是住在学者旁边的故事,而是"枪打出头鸟"。

高昂的价格能为顾客在其他方面创造价值。比如化妆品,高价有时候让人更容易相信整容医师声称的"一个漂亮包装礼盒里的奇迹"。许多女性花费数百甚至数千美元购买面霜和乳液——其中一些含有黄金或者珍珠等昂贵的成分。当一位澳大利亚女性被问到为什么她会付690澳元(当时的575美元)购买一瓶50毫升的雅诗兰黛白金级紧肤面霜时,她解释道:"我不知道这是不是心理作用,但是能满足心理作用就够了。这个面霜让我感觉良好。"[15]

这种现象并不是首次出现。人参是最出名的传统药材之一。大多数病人都相信人参的魔力,即便很少有临床实验能证明其效用。野生人参比起人工种植的人参售价更高,状似人形的人参价格可高达每盎司2万美元。高价也许是人参在一些国家如此长盛不衰的原因之一。如果有人真的病入膏肓，医生会让其服用最稀罕的人参。如果病人负担不起或找不到稀罕的人参，就算病人没救也跟医生没有关系。如果病人真的能找到人参但是服用后没有康复，家属还是会宽心，因为他们已经用尽方法来救治他了，甚至找到了千金难得的人参。

当然，病人花了那么多钱，心理上也许会好过一些。如果他真的相信人参的效用，起码他在短时间内会好受点。医生很久以前就知道安慰剂效应，病人在相信治疗的时候，就算治疗本身没有真正的医学价值，病情也能好转。在过去几年里，营销人员才开始发现高价也可产生同样的效应。比如最近一个研究向一组参与者提供了一款功能性饮料，并告知他们该功能性饮料的价格为 1.89 美元，然后向另一组提供了一样的饮料，告诉他们这款饮料的价格虽然为 1.89 美元，但学校的批发价为 89 美分。在使用了不同的方式进行实验后，学者的结论为，喝了原价饮料的参与者能够完成更多的拼图。同一个科研小组的另外一个实验发现，在健身房的设定下结果也类似：喝下原价饮料的参与者平均比喝下打折饮料的参与者运动更为激烈。[16]

有时候一个高价产品比廉价产品能带来更多的愉悦。加州理工大学和斯坦福大学的研究员让志愿者尝试了 5 种不同的赤霞珠红酒，每一瓶的标价不等，最高为 90 美元。研究员把价值为 90 美元的红酒标为 10 美元，5 美元的红酒标价为 45 美元。他们不仅发现志愿者更倾向于标价高的红酒，更通过脑电波确认志愿者在尝试标价高的红酒时，大脑会产生更多的愉悦感。安东尼奥·兰热尔（Antonio Rangel），开展这一实验的加州理工大学副教授，认为这种愉悦感"似乎建立在我们对体验的信念上"。[17] 换句话说，通过调整价格，"我们不用改变红酒本身就能改变红酒的味道"。[18]

多有多好

其他公司也发现高价有助于打造质感。虽然微软在操作系统上常年处于统治地位，但苹果在高端个人电脑市场中赢得了令人艳羡的小众地位，这部分归功于苹果电脑比带有微软操作系统的电脑更高的价格及其很少打折。这种高定价策略跟美国运通公司的黑卡并非没有共同之处。苹果的前 CEO 乔布斯曾经问道："都是销售汽车，宝马（BMW）和奔驰（Mercedes）有什么不同吗？"

高价能够让客户感到安心。心理学上，弗洛伊德进一步提出费用是打造可信度的重要成分：如果病人相信收入对医生来说很重要，那么病人会信任医生能为他提供高质量的服务。[19] 然而，这个可能因各地文化有异。在法国，那些比市场价格收费要高的专家通常会被批评为"只为钱工作"的人，潜台词就是他们的服务是由个人利益所驱动的，而不是出于要帮助病人的目的。这样反而降低了他们的可信度。高收费带来的可信度或许能解释，很多机构投资者懒得费工夫研究投资经理回报率低这一让人费解的现象。Greenwich Roundtable 是一家研究另类投资方式的非营利组织，它们最近的一份调查发现，1/3 的机构投资者承认并没有每次都对所投资的基金经理做背景调查，尽管仔细调查是他们的法律责任。[20] 高昂的费用很明显让他们降低了对基金经理的防线，他们理所当然地把基金经理归类成了圈子里的人。

这一现象并不仅限于高级的专业人才。某种程度上，我们都受过高价带来的影响或经历过高额偿付，如果你相信经济学家约瑟夫·施蒂格利茨（Joseph E. Stiglitz）和卡尔·夏皮罗（Carl Shapiro）的话。[21] 他们认为，不只是对冲基金经理过度收费了，我们所有人都是这样的。他们的论点基于一个很简单的观察：劳动力市场上永远存在失业者。对于他们来说，失业的存在就证明了聘用方所支付的薪酬肯定高于市场最低价。换言之，我们所收取的薪酬比所需的高，这样雇主才能吸引及保证劳动力。出于这个理由，劳动力市场是供大于求的。施蒂格利茨和夏皮罗所提出的问题是，为什么雇主要付看上去毫无必要的高价呢？

答案和之前的案例相同：高价或高薪满足了买方（雇主）和卖方（员工）的经济和心理利益。在他们的论文《均衡失业作为劳工纪律手段》（Equilibrium Unemployment as a Worker Discipline Device）中，斯蒂格利茨和夏皮罗阐释，在一个完美的劳动力竞争市场中，雇主所支付的薪酬要比市场最低价高的几个原因。

最基本的理由是大多数公司试图以高于市场最低价的薪酬让员工不要辞职。当所有公司做法一致时，高昂的人工费用则意味着对劳动力整体需求的减小，结果导致失业现象发生。施蒂格利茨和夏皮罗认为，从雇主的角度来说，失业并不是一件坏事，失业能有效鞭策员工努力工作。如果员工因倦怠而被辞退，他们就必须成为失业大军中的一员，而且很难再找到同样薪酬水平的其他工作。高薪酬还能让公司吸引到最优秀、最聪明的劳动力。如果你是提供最高薪酬的雇主，那么行业里所有人都想加入你的公司。在同等条件下，你也可以吸引到最好的人才。因此，对于雇主来说，低薪酬也能招聘到同样多的人，这种想法虽然诱人，但节俭的代价就是较低的工作效率和缩水的人才库。

这种取舍对于很多营销人员来说并不陌生，尤其是在奢侈品中。对于那些真正没有市场需求的消费品来说，公司一直面对降低价格和释放压抑需求的诱惑。虽然这样做能在短期刺激销售量，但是从长期来说，这最终会破坏产品的感知价值。

出于这个原因，像宝马这类销售高端产品的公司，通常是坚持不打折。当面对强硬的谈判者时，宝马的销售人员有时会指出：你还"没有准备好"拥有一辆宝马车。即便产品的生产成本并没有特别高，营销人员往往也会设定较高的固定价格（或者上涨的价格）来维护产品质量的高感知价值。美泰公司（Mattel）旗下的美国女孩娃娃公司（American Girl）从不会给核心产品——18寸的高质量玩偶打折。美泰给每一件玩偶都定价为95美元，不管每件玩偶的销售量如何，卖得不好的玩偶会直接下架而不打折，这在市场中，给收藏者创造了稀缺感，提高了玩偶的价值。

苹果电脑是此类定价的佼佼者。如前文所述，苹果是为数不多有意避开低价商品策略的电子公司。苹果手机就是最好的例子。当苹果手机投向市场时，其定价远比其他手机要高。这点丝毫都不让人惊奇：大多数高需求的电子产品都会向最早吃螃蟹的人收取更多的钱，在需求扩大时会重新下调价格。然而苹果没有走寻常路。苹果添加了新的功能来保持高价——这真是个谜。其他苹果产品也使用了同样的价格策略。例如iPod，其价格持高不下，但是苹果公司会不断推出新功能来维持顾客的感知价值。为了占领那些对价格更敏感的细分市场，苹果推出了一个不同的产品——Nano，功能要比iPod少得多，存储容量也更小。

有的公司在设定现在的价格的同时，还会寻找不同方式来试探未来的价格。美泰的固定价格帮助公司向家长们传达出了一个信息,那就是美国女孩娃娃不是一时新奇的玩物,而是一个他们的女儿和孙女们能玩很多年、物有所值的玩具。相比之下,美泰销售量最高的芭比娃娃系列就更受时尚驱动,各种价格水平的都有。也有公司试着以影响二手市场作为保持高价的方式。昂贵的瑞士手表制造商十分积极地抬高旧手表的价格,以让顾客相信,奢侈手表是有投资价值的。新闻报道中,不断刷新纪录的旧手表的成交价格让顾客觉得,购买昂贵手表不是在买一件奢侈品,而是在做一笔能保值的投资。比如,一块20世纪50年代造的铂金欧米茄手表在2007年的拍卖中,被一位"瑞士买家"拍出了35.1万美元的高价。这位买家其实就是欧米茄公司,这是它们后来宣传中透露的。西雅图的一位欧米茄零售商史蒂文·戈德法布(Steven Goldfarb)指出,在拍卖新闻出来之前,他卖得最好的是售价为1 400美元的手表,现在他卖得最好的型号的价格是原来的3倍。"消费者只知道欧米茄手表卖了35.1万美元,"他说,"但是他们不知道背后的买家是谁。"[22]

从长期来看,这种策略也许会影响公司的可信度,但是短期来看,这种保持价格上涨的效果确实不错。对比之下,奢侈品的灵活定价策略往往结果很糟糕。在汽车行业里,灵活定价反而摧毁了不少高端品牌的感知价值。很多年来,美国豪华汽车和不愿降价的外国汽车在价格上竞争,这一过程最终摧毁了凯迪拉克(Cadillac)这种一度十分强大的品牌。虽然还有其他原因,特别是质量和成本,导致了"底特律荣光"的丧失,但是打折肯定加速了推毁美国豪华汽车的感知价值的进程。

这种情况也多发于消费品市场。摩托罗拉的 Razr 系列折叠屏翻盖手机从一种"必须拥有"的时尚单品沦落为一部普通手机,很大部分原因就是过度的折扣。一旦操作失误，一定程度上毁坏价值的折扣行为不仅能导致一个品牌垮台，还能直接破坏整个产品类别。第五大道商店（Saks Fifth Avenue）在 2008 年 11 月进行的打折促销活动（比往年的圣诞节后打折早）也许在低迷时期拯救了百货商店，但是它们的生存却是以大部分供货商的利益为代价的。很多供货商认为，3 折的价格永久地摧毁了奢侈品的价值。诚然，一些购物者说他们以后都不会买原价的商品了。"我以前竟然付的是原价，我吓到了，"29 岁的通信主管罗兹·西尔伯莎兹（Roz Silbershatz）说，"我以后都不会这么做了。"[23]

少即是多

"未来的生意人，无论是生产商还是销售商，通过降价赚到的钱会比起过去通过提价赚到的更多。"[24] 爱德华·法林的预言可能已经被世界上最成功的零售商实现了。但这不是绝对的，一家公司想收取高价甚至非常态的高价可以有很多理由，这取决于它如何定价。高价能够筛选顾客，传递产品或服务的高质量和富有价值的信息，调动员工积极性和培养顾客忠诚度。然而，十分关键的是，高价并不是使产品升值的唯一途径。在某些情况下，极低的价格也可以实现这些功能，也能增加产品对顾客的表达价值。金融业务也能如此。

1974 年，美国证券交易委员会开始放松对股票佣金的监管。贝尔·斯登（Bear Sterns）等股票经纪公司在 5 月 1 日开始下调股票佣金。而美林银行却利用这种自由提高了 3% 的佣金，毫无察觉这个世界已经悄然改变。[25] 嘉信理财公司（Charles Schwab & Co.）的创始人查克·施瓦布（Chuck Schwab）把握住了这个机会。他下调的佣金比传统经纪公司下调的佣金少80%，让高利润的行业措手不及。和低价同时跟进的还有另外一种创新的定价模式：经纪人都是收月薪的，不会通过买卖特定股票或过频交易而获利，而这些都是采用传统定价模式的经纪公司常常被客户投诉的地方。[25]

施瓦布的定价模式渐渐地变成了行业中主流的定价模式。今天许多经纪人——现在已经被重新命名为金融顾问——也改变了他们的定价模式。就算是提供全方位服务的经纪公司也采用了更便宜的定价模式，或采用了更简化的定价模式，收取的费用也以资产而不是利润为基础进行计算，据称这样能消除利益冲突。

其他服务类公司也找到了把低价转化为利润的方式。网飞（NetFlix）公司通过简单的低价结构改变了所在行业的经营模式。在 NetFlix 之前，百视达（Blockbuster）公司通过新旧电影不同定价和延迟还碟的滞纳金收入颇丰。NetFlix 的简单订阅计划里对所有电影都一视同仁，而且没有滞纳金。拖延的订阅者唯一的惩罚就是在没有归还一部电影碟片时不能看下一部。NetFlix 模式的成功得益于科技的进步。从录影带到 DVD 的过渡让影像运输行得通，并且降低了存储费用。互联网让维持庞大的电影目录成为可能，同时还节省了开实体店的成本。一个现代的配送中心和简单的信封退回组成了整个运营系统。然而，NetFlix 如果没有简单的订阅方式和无滞纳金的定价模式是不会如此成功的。这种定价模式让订阅者观看 DVD 更自由，由于订阅 DVD 成为固定支出，就跟订阅电视一样，消费者在看到信用卡账单前都不会想起这事——就算看到也可能略过了。

像亚马逊的订购省方案一样，NetFlix 的订阅模式改变了千百万人看电影的习惯，将租 DVD 从回家路上的冲动性消费变成了习惯性行为。

低价还能以其他方式建立顾客忠诚度。在纽约，投资者利用高价来创造大厦独特性，一些餐厅用相对低廉的价格和不订位的策略建立起了较高的顾客忠诚度。约翰比萨店（John's Pizza）就是其中之一。约翰比萨店等位的队伍常常排到门外，其比萨物美价廉，这在纽约来说很难得。因为约翰比萨店无法订位，又是吃饭的好地方，排队等位十分常见。这种适合大众的策略也创造了没有高端食客那么挑剔的顾客群体——在经济低迷的时候顾客可能依然对其忠诚，这就加分不少了。

摇滚演唱会的推销人员经常用同样的方式售卖门票。在当地电视上，年轻人为了购买演唱会门票而在售票中心扎营的照片成了标志性的画面，以至于没有人会问为什么要排队。为什么演唱会举办者不能提高价格让市场渐渐缩小，这样就没人需要排队了？又或者，在其他常见的新闻报道中——门票在几分钟内售完——为什么推销人员不提高价格，只满足市场最高价的需求？答案是，因为低价能为演唱会带来更高的知名度，而且在此之上，还能提高乐队及其衍生产品的知名度。

除了打造顾客群体外，低价也能筛选顾客。这正是一些很红的表演和体育项目经常销售一些低价座位的真正原因。比起都在最贵的包厢坐着的顾客，更年轻、更热情的粉丝可以提高在电视机前的和在现场的观众的激情。

再回到纽约，这个拥有极端定价的城市，莎士比亚戏剧节是在纽约的夏天里最受欢迎的节目之一。这些表演如此受欢迎，一部分是因为经常有电影明星参演该戏剧节，但是也有通过定价而创造的人为稀缺感的原因。戏剧节的门票不是提前发售的——事实上，门票是完全不公开发售的，而是免费送的。矛盾的是，这让莎士比亚戏剧节对于上班族来说变得一票难求。要想拿到票，必须从早上就开始排队，排5～6个小时直到早上11点门票开始发放——这对于任何收入阶层的人来说都是巨大的投资。

赠送门票是公众剧院（Public Theater）主办者约瑟夫·帕普（Joseph Papp）的一种文化慈善行为，但是莎士比亚戏剧节连续50届的成功举办说明了背后肯定有可行的商业模式。非营利的公众剧院承办举行这一项目，免费赠送门票的表演可从以下3种方式中得到补贴。首先，长长的队伍和坐满的剧院为剧院和节目打造了广泛的知名度。其次，长队为企业赞助商"赠送"的门票设置了高感知价值。最后，免费的表演每季都有10万名的观众，这些人对企业赞助商而言是理想的受众。

莎士比亚说，玫瑰无论叫什么名字都是香的，但是我们会说，换个价格就不一定了。就好比挑选戒指时，首选是黄金戒指或钻石戒指，如果玫瑰在所有的花里最便宜，那肯定不会成为情人之间用于表达爱意的最佳礼物。正如本章中其他例子说明的一样，价格本身就是一种产生经济价值和表达价值的重要元素。无论价格是极高或者极低——纽约四季酒店里39美元一个的汉堡包或中央公园里免费的表演——价格本身就是体验的一部分。

参考文献

[1] Schmith, Scott. Credit Card Market: Economic Benefits and Industry Trends, International Trade Administration, U.S. Department of Commerce, (March 2008): 4.

[2] Thornton, Emily. Fees, Fees, Fees! *BusinessWeek* (September 29, 2003): 98.

[3] Wainright, Martin. Royal Bank Launches Super Premium Plastic, *The Guardian* (23 November 2004).

[4] Financial Planning's SMA Advisor Newsletter (December 2004).

[5] Navone, Marco A., Belleri, Matteao. Hedge Funds: Ability, Persistence, and Style, Carefin Research Paper No 8/08 (July 31, 2008).

[6] Hulburt, Mark. 2+20, the Other Hedge Fund Math, *The New York Times* (March 4, 2007).

[7] McDonald, Duff. The Running of the Hedge Hogs, *New York Magazine* (April 9, 2007).

[8] Owen, James, P. The Prudent Investor's Guide to Hedge Funds (New York: JohnWiley & Sons, 2000), 54.

[9] Brown, Stephen. Hedge Funds: Omniscient or Just Plain Wrong (New York: NewYork University, 2001), 5.

[10] Litt, Michael. Prudence: Paradigm Shift in Pension & Wealth Management, Washington, D.C.: American Enterprise Institute, 2006).

[11] Brooks, John. The Go-Go Years (New York: John Wiley & Sons, 1999).

[12] Eichengreen, Barry J., et. al.. Hedge Funds and Financial Market Dynamics, Volume 166 of Occasional Papers of the International Monetary Fund (Washington, D.C.: International Monetary Fund, 1998).

[13] Statman, Meir. What do Investors Want? *Journal of Portfolio Management* (2004): 153–160.

[14] Tuccille, Jerome. Trump: The Saga of America's Most Powerful Real Estate Baron (Washington, DC: Beard Books, 2004).

[15] Hughes, Natasha. Women Rush Tiny Tubs of Rolled Gold Crème, *Sunday Age* (May 6, 2007): 8.

[16] Arielly, Dan, et al. Placebo Effects of Marketing Actions, *Journal of Marketing Research*(2005): 383.

[17] Dunleavey, M.P. My Cortex Made Me Buy It, *New York Times* (February 9, 2008).

[18] Gellene, Denise. WhyWe Like PriceyWines, *Los Angeles Times* (January 15, 2008).

[19] Winter, Sarah. Freud and the Institution of Psychoanalytic Knowledge (Palo Alto: Stanford University Press, 1999): 140.

[20] Zweig, Jason. How Bernie Madoff Made Smart Folks Look Dumb, *Wall Street Journal* (December 13, 2008).

[21] Shapiro, Carl and Joseph Stiglitz. Equilibrium Unemployment as a Worker Discipline Device, *American Economic Review* 74 (no. 3), June 1984: 433-444.

[22] Meichtry, Stacy. Invisible Hand: How Top Watchmakers Intervene in Auctions: Luxury Time Pieces Get Pumped up in Bidding, *Wall Street Journal* (October 8, 2007): A1.

[23] O'Connell, Vanessa, Dodes and Rachel. Saks Upends Luxury Market with Strategy to Slash Prices, *Wall Street Journal* (February 9, 2009).

[24] Berkeley, George E. The Filenes (Wellesley, Mass.: Branden Books, 1998): 190.

[25] Kador, John. Charles Schwab: How one company beat Wall Street and reinvented the brokerage industry(New York: Wiley, 2002): 25.

第 9 章

有效才付费

* * * * *

"我花在广告上的钱浪费了一半,问题是,我不知道是哪一半。"

——约翰·瓦纳梅克(John Wanamaker),

百货商店老板

自费城零售业先驱约翰·瓦纳梅克说出了那句浪费广告费的著名嘲讽以来,世界发生了许多变化,但有一件事情没有变:卖家仍花费数十亿美元在广告及其他服务和产品上,而他们在花掉钱后都不知道这是不是浪费。这一令人难以置信的事实,让这么多交易与杰克用牛换了一些魔豆的故事没有本质的区别。

但是,现在这种情况正在改变,部分得益于技术的进步,部分是因为创新的定价方式:基于绩效的定价。从广告到药品,从咨询到建筑,从医疗保健到制造业,越来越多的公司正向"有效才付费"的定价模式转变——这一战略上的根本转变,有望永久改变许多买卖双方的关系。

传统上,大多数交易是买卖双方冲突的结果,卖方总是想买方支付更多;买方总是想少付钱。交易发生时,双方通常会达成某种妥协。除非一方过于强大——例如处于垄断地位——谁都无法对这个零和博弈的结果完全满意:价格降低 1 美分,会使买方增加 1 美分,而卖方减少 1 美分。

相比起来,一些市场较和谐一些。不久前,制药公司把比预期更多的钱纳入囊中,并且消费者也很乐意付钱。一种能够改善人类生活(甚至挽救生命)的药物,其价值主张极具吸引力。但是在过去的 10 年中,顾客越来越难以取悦了。价格上涨远快于通货膨胀。单以美国来看,处方药销售额从 2006 年的 2 167 亿美元增长到 2007 年的 2 749 亿美元[1]。并非巧合的是,该行业在美国已从最受尊敬的行业之一沦落到最受唾弃的行业之一。如今，大制药公司和大烟草公司被并列为人们最讨厌的行业榜首。[2] 约翰·勒·卡雷（John Le Carre）是一位间谍小说家，以写战争故事而闻名。他在2001年还写了一部惊悚小说《不朽的园丁》（*The Constant Gardener*），大制药公司在其中就是反派角色。

制药公司辩称，价格上涨是因为其成本上升了。药物开发成本比20世纪70年代高了15倍，比80年代高了3倍。[3] 据阿斯利康（AstraZeneca）公司的开发总监约翰·帕特森（John Patterson）称，如今将新产品推向市场的平均成本为11亿美元和需要大约12.5年的时间。[4] 成功发明新药物也变得更加困难。2007年，美国食品药品监督管理局（Food and Drug Administration，FDA）仅批准了19种新药，为20年来新低。产量低的部分原因是药物的本质更为复杂，部分原因是成本上涨，这导致监管机构如今会对新产品的治疗价值提出更高的要求。为了获得批准，一种药物仅有独特的配方已经不够了，必须能明显优于其替代的现有药物，并能为患者创造新的经济或治疗价值才可以。由于有如此多的关卡，5 000种新药物中可能只有一种能上市。[5]

更糟糕的是，制药公司还没有多少时间来收回开发的成本。更长的开发时间和更短的专利保护期限让公司在药物上市后，收回成本的平均时间被缩短。从2001年的12年减少到现在的8年，收回成本的时间被迫缩短了1/3，制药公司只能不可避免地为药物设定更高的价格。

遗传学知识的进步也意味着更多的药物只针对较小的患者群体，即越来越多的药物仅对特定人群有用。这种细分使得付费者更不愿为未覆盖的人群付款，尤其是当付费者是政府机构或大型保险公司时。

出于种种原因，新药物成功的机会大大降低了。IMS Health 公司的顾问艾伦·谢泼德（Alan Sheppard）估计，在过去的10年中，新药大卖（创造超过10亿美元的市场）的概率已下降了一半，从1/10下降到1/20。[6]

但是公众不会同情制药公司。尽管消费者仍在购买大量药物，但他们不会接受制药公司关于药物为何必须昂贵的论点。在美国，消费者、政府付款人和管理性护理机构组成的联盟正在努力控制药物成本。消费者和买方之间的交易变得十分不愉快。现在看来，联邦政府很可能在固定药品价格方面发挥领导作用，业内许多人都认为这是不可避免的。

总之，制药公司希望收取高价，但其顾客希望支付低价。最后，有人会让步，还是不会呢？我们认为，通过采用基于绩效的支付方式，该行业可以避免这种冲突，并建立一种新的定价模式，让患者、付费者和制药公司都比现在更满意。

我们对此感到乐观的原因是先进药物从本质上来说是知识产权。与我们在第八章中提到的每盎司2万美元的稀有人参不同，其实际物理药物的价值仅占药物总成本的一小部分。如今，药丸本身可被视作一种特殊的只读光盘（Compact Disc Read-Only Memory，CD-ROM）。与本书中讨论的许多其他创新定价策略一样，药物真正的价值不在于药片，而是药片所承载的知识产权，这一理解能为定价开辟许多新的可能性。尽管企业现在正尝试各种定价模式，包括通过订阅而不是物理单位计算收费，但是我们认为解决该行业定价问题最可行的模式是"有效才付费"。

对价值的重视

加拿大的制药公司从 20 世纪 90 年代中期就开始尝试基于绩效的定价模式，但是直到最近，这一举措才获得了国际上的认可。[7] 使用"按价值付费"模式的最著名的公司可以说是强生（Johnson & Johnson，J&J）公司。该公司于 2007 年在英国销售新的抗癌药时，就使用了这一定价模式。

强生公司的进军始于一种创新的对策。强生公司曾提议将万珂（Velcade）用作治疗多发性骨髓瘤（一种无法治愈的骨癌）的方法，但为英国国家医疗系统提供药物销售咨询服务的英国国家卫生医疗质量标准署（National Institute for Health and Clinical Excellence，NICE）裁定，该处方药物是对政府资金的一种浪费。该药物每个治疗周期的价格为 3 000 英镑（4 500 美元），但效果并不能保证。[8] 遭到不留情面的拒绝后，强生公司处理药物引进的子公司 Janssen-Cilag，回复了一种新颖的报价：经过 4 轮治疗，癌症导致的异常蛋白数如果没有减少 25% 的患者，可申请全额退款。

对于患者或患者的保险公司而言，这一提议似乎难以拒绝。患者有机会尝试昂贵的治疗方法，并且不用冒浪费资金的风险。监管机构也乐意，因为国家医疗系统不用为无效的药物付钱。该策略也不会导致制药公司产生任何改善药物效果的不正当动机，反之如果价格固定则很容易出现这种情况。英国公平贸易办公室（Office of Fair Trading，OFT）的首席执行官约翰·芬格尔顿（John Fingleton）表示，"有效才付费"旨在"将创新和投资集中在患者最需要的领域，从而在未来创造出更多有价值的药物"。[9]

对于制药公司来说,"有效才付费"听起来有些冒险,但其实它可实现3个目标。首先,它将付款人的"否"变成"也许"。其次,"有效才付费"克服了常规定价策略中的瓦纳梅克式缺陷,即仍需为无效的药品付费。最后,它使讨论重点从对价格是否合理这种本质上的防御性辩论,转变成了药物创造了多少价值这种更积极、更可取的辩论。

除了产品公司的营销优势之外,"有效才付费"还有利于公司收取溢价以回收前期投资。公司可以根据药物实际创造的价值来定价,而不是依据在开发新药上的花费加成来定价。例如,就万珂而言,强生公司没有根据其他药物的成本和公司的开发成本与英国卫生监管机构争论正确的价格应该是多少,而是成功地将辩论焦点转移到了万珂与以前的药物相比节约了多少成本上。

当制药公司与机构付费者进行谈判时,"有效才付费"似乎特别有效。例如,辉瑞(Pfizer)公司最近与佛罗里达州达成了一笔交易。在独立审计师的监管下,如果辉瑞公司的药物无法在州政府的整体医疗费用中节省一定的数额,辉瑞公司要退还某些辉瑞药物在该州所得到的医疗补助的一部分费用。基于绩效的方法行之有效:辉瑞药物为该州节省了4 190万美元,并且不再需要提供折扣或返点来证明该药品的价值。[10]

以这种方式重新定义定价后,新药的价值变得令人极其信服。正如一位行业顾问所说:"可以帮助您更长寿并为您带来更高的生活质量的产品或服务的价值是多少呢?"[11] 药物虽然昂贵,但是比起不仅痛苦还更具侵入性,有时效果也不佳的物理治疗,它们还算便宜的。一项2002年的研究发现,花在新药中的1美元能节省6.17美元的医疗保健支出。[12]

鉴于"有效才付费"的这些好处，制药公司并不是医疗保健行业中唯一使用"有效才付费"这种定价模式的企业不足为奇。例如，生育诊所就经常使用基于绩效的定价。随着监管机构开始要求内科医生根据临床效果制定治疗方案，该计划似乎也可能在其他地方获得成功。这一想法驱使医疗保健机构直接采用"有效才付费"策略。为了应对飞速上涨的医疗费用，华盛顿的许多政策专家认为，采用以疗效为依据的医疗体系可能是帮助国家节省金钱，同时改善医疗质量的重要途径。国会预算办公室的一位专家估计，只有不到50%的药物被证明是有效的，而且他认为，淘汰无用的药物可成为减少国家医疗支出的重要方法。[13] 政策制定者认为这个想法很有前景，政府已经制定了11亿美元的预算来支持联邦政府收集有关不同医疗方案相对有效性的数据。[14] 在这样的政策环境中，"有效才付费"似乎不仅是一种好的定价选择，对于昂贵、不确定疗效的医疗方案，这也许是唯一的选择。

"有效才付费"也被其他许多因定价困扰的行业采用。软件在"有效才付费"的运用上运气不错。例如，霍尼韦尔（Honeywell）将室内供暖和制冷控制系统的付款与建筑的能源成本节省联系在一起。[15] 事实证明，"有效才付费"如此成功，以至于一些印度业务流程外包公司已开始效仿这种做法。[16] 弗雷斯特研究（Forrester Research）公司认为，未来，"有效才付费"将成为互联网技术（Internet Technology，IT）行业的常态。分析师写道："随着外包的成熟，IT经理会开始寻求外包关系中的价值和更明确的商业影响。"推动这种长期思考的一种方法是更改收费制度，薪酬不在于承包商投入了多少，而是客户公司从中得到了多少。

采购咨询公司TPI的董事总经理邓肯·艾奇逊（Duncan Aitchison）

也同意这样的观点。[17]"随着合同的成熟和服务提供商能力的提高,这种更为复杂的基于产出的定价模式可与供应商改善生产效率的能力联系在一起。"他说。

在其他类型的工业自动化中,一些行业专家甚至认为,这种定价结构可能是高成本服务公司在全球经济中进行竞争的唯一途径。顾问吉姆·平托(Jim Pinto)认为,一些国家的公司在毛利率为5%～10%时就满足了,在这样的世界里,自动化供应商为客户提供服务的唯一机会就是重新开发定价结构,向客户提供它们认为最重要的东西:绩效。[18]

非技术行业也开始试用"有效才付费"的模式。在过去的20年中,对于创意作品,广告代理商已将传统的结算价格(即结算费用的15%)换成基于绩效的定价。[19]现在,广告本身似乎正在进一步发展,而瓦纳梅克肯定会欣赏这一创新。谷歌的关键字项目和其他网上项目不仅使无效的"一半"广告越来越清晰,而且仅要求客户为有效的"一半"支付费用。尤其是在线广告,基于绩效的定价似乎正在淘汰互联网最初几年采用的每千次曝光价格(Cost Per Mile,CPM)的定价模式。在2006年,这两种模式几乎同样受欢迎,但如今,基于绩效的定价带来了将近57%的收入,每千次曝光价格模式仅占所有在线收入的39%。[20]

现在有顾问也在尝试这种新模式,尤其是那些销售和运营的顾问。《华尔街日报》报道,2006年的一项调查发现,尽管基于绩效的定价仍然很少见(对218家美国顶级公司的调查发现,只有不到5%的企业是基于绩效定价的),但采用这种做法的公司数量正在迅速增长。[21]该行业中的一些巨头,特别是埃森哲和IBM等提供信息系统安装服务的企业,它们有时会根据项目的效果来决定价格,例如,通过它们工作所节省的成本或增长的销售额的一部分来进行收费。

基于绩效的定价对卖方而言并非没有风险,但在某些情况下,它可以是重要的手段。如我们所见,当买方对成本效益的担忧可能会破坏交易时,基于绩效的定价可以为销售打开大门。它至少还具有5个其他重要的优点。

基于绩效的定价使买卖双方的利益保持一致

"有效才付费"消除了买方最大的疑虑:"有效才付费"可以降低买方的前期风险,并使买方更愿意签订交易协议。与对消费品提供退款保证一样,基于绩效的定价有助于鼓励客户尝试新产品。对于卖方而言,"有效才付费"就意味着承担更多的风险,但是,这也可能带来更大的回报。

不仅制药公司如此。"有效才付费"对于大多数人来说都是新奇的,但一些专业人士已经使用基于绩效的定价模式多年。例如,代替按每小时收费,人身伤害律师长期以来一直收取和解金额的30%～40%。在美国,这种做法是由来已久的——这种做法已经存在了至少一个世纪。[22]

在一些按时收费更为普遍的法律案件中,可能会存有利益冲突,而法律学者认为,"有效才付费"的模式可有助于避免这种冲突。客户可能难以接受向律师支付和解金额的1/3,但人身伤害律师获得金额的1/3就意味着,律师收取的金额绝不能超过和解的金额。

对于人身伤害诉讼的辩方,默认做法是每支付1美元的和解费用就要支付1美元的法律费用。在律法的其他分支中,按小时收费所得的金额有时甚至超过了案件中的全部金额。例如,长期以来,按小时收费的律师一直因在破产程序中收取庞大费用而受到批评。有时费用如此之多,以至于他们名义上所服务的债权人都没有资产可以剩下。如果两个按小时收费的律师相遇了，他们很有可能会把事情弄复杂。

这种冲突如此普遍，以至于150年来，其一直是黑色喜剧的主题。例如，一单长期的诉讼案启发了查尔斯·狄更斯（Charles Dickens）在小说《荒凉山庄》（*Bleak House*）里写下了一个情节："小时候承诺在詹狄士案件解决后会得到一个新木摇马玩具的被告或原告，他现在已经长大了，拥有了一匹真正的马，然后骑着马跑到了另一个世界。"

基于绩效的定价将律师及其客户带入一个更加美好的世界，因为双方都尽可能有效地工作，最大限度地提高最终一起分享的利益。这种激励性安排也使双方即使在漫长的诉讼和解决过程中更容易达成合作。它还鼓励他们进行更加自由和坦率的信息交流，为分更大的"蛋糕"共同努力。

其他以交易为导向的专业服务也出于同样的原因采取"有效才付费"的模式。房地产中介收取房屋成交价格的6%或7%作为佣金；作家经纪人收取15%；对冲基金经理（至少直到最近崩溃之前）收取资产的2%和收益的20%；投资银行在准备和支持公司IPO（首次公开募股）时，通常会收取IPO变现价值的7%。在客户觉得难以监控服务提供商的时间和精力，但需要确保提供商的利益与其自身利益保持一致的情况下，这种方式似乎经常被采用。

基于绩效的定价往往会减少价格竞争

为什么律师应该获得和解金额的1/3？为什么房地产经纪人就应该得到6%～7%的收入？这没有确切的理由，但是当这种惯例成型时，它们往往会成为行业中毫无争议的特征，并且通常会成为基准价。价格确定后，企业将在除价格以外的所有方面竞争，此时的价格在某种程度上是神圣不可侵犯的。这种稳定性的形成有几个原因。首先，对于专业服务而言，潜在客户可能会将低价格视为低质量的标志。其次，由于许多专业服务不能规模化，因此无法在数量上打折，服务提供商降低价格的动机也少。然后，客户可能不想要较低的费率。如果服务提供商承诺价格低于行业标准，那么客户可能会辗转反侧，思考服务提供商到底会不会为其投入等同的时间和精力。如果一个客户的项目费用较低，专业人员就要向其他客户收取更多费用，如果出现时间冲突，服务提供商将把时间花在哪里？最后，许多普遍采用"有效才付费"定价模式的行业都具有类似卡特尔联盟的特征。成员可以集体惩罚试图在价格上竞争的人，比如把他们排除在大交易之外，或在困难时期不让他们参加共同抵御困难的计划。

基于绩效的定价是作为防止收费不足或过多的一种保证

从卖方的角度来看，在卖方创造正向价值之后，买方更难以对价格有异议。高管们更可能在预算中预留一定比例通过节省成本而获得的预期收益，而不是为了保证明年节省成本而支付前期成本：给我看豆子，然后我们再谈。如果产品或服务运行良好，买方将毫不犹豫地付款。同样，这样的协议可以保护买方免于过多支付。从本质上讲，这种定价模式可以保护买方免受下行风险，同时给了上行空间来补偿卖方。如果产品有效，这种风险平衡就可以创造互利关系。

基于绩效的定价可以改善价格细分

通过避免异质性问题，即如何从不同客户那里收取不同价格的问题，"有效才付费"可以通过另一种方式起到保险的作用。从本质上讲，正如摩立特集团（Monitor Group）的托马斯·纳格尔（Thomas Nagle）在描述一个基于绩效收费的药物计划时所说的那样，"有效才付费"是一种策略，"当付款人允许该药品在高失败率的人群中使用时，公司可以提供折扣；但当该药品在低失败率的人群中使用时，公司仍能够获得全部价值。"

基于绩效的定价可改善交易

基于绩效的定价意味着买卖双方必须以极其明确的方式定义产品或服务的成功。一起坐下来定义成功的过程是基于绩效的定价模式的重要副产品。这样的过程通常会让人发现削减成本或创造更多价值的新机会。实际上，哈佛大学教授本森·夏皮罗（Benson Shapiro）认为，进行更多的沟通实际上是基于绩效定价的最重要的优势之一。我们十分赞同。

例如，按绩效收费有助于避免渠道冲突，我们称之为双重加价。在这种情况下，零售商和批发制造商的合并利润很高，以至于压低了消费者对产品的需求。例如，在1997年，百视达的高管意识到，录影带零售商的销售量大大减少，是因为它们无力存储足够数量的最新发行的电影录影带以满足消费者的需求。维亚康姆（Viacom）公司的董事长萨姆纳·雷德斯通（Sumner Redstone）后来回忆道："整个业务运作不当……商店里的录影带不够……年复一年，制片厂不断向像百视达这样的公司提高录影带的价格。当录影带的价格上涨到大约 65 美元时，我们意识到我们买不起足够的录影带以填满货架。"[23]

维亚康姆的百视达公司要求更大的折扣，但被制片厂拒绝了，因为它们也要照顾自己的利益。但它们为什么不把自己知识产权的收益最大化呢？百视达认为，原因在于，通过采用新的定价模式，两者合作会比单打独斗赚更多的钱。百视达向迪士尼提出了一项新的方案，即降低每个录像带的前期成本，最终对收益分成。最终，迪士尼明白了这个逻辑，并同意接受每部录像带以 7 美元的价格，也就是录像带在二手市场上的价格出售给百视达公司，另外迪士尼还可获得每次租赁收益的 40%。这项新协议使百视达可以在指定的商店中存储 100 部热门电影的录像带，而不是 30 部，这使百视达能把录像带租给几乎每个想要在电影发行头几天观看的人，而不仅仅是那些早点到店里的顾客。该策略行之有效——1997 年至 2001 年间，百视达所占的市场份额从 28% 增长到 41%。最终的结果是"百视达满意，制片厂很满意，消费者也很满意，因为他们都得到了自己想要的东西"，雷德斯通后来回忆道。百视达的新方案效果是如此之好，以至于其他制片厂都纷纷效仿。

让"有效才付费"发挥作用

但是基于绩效的定价并不适合所有行业。这种定价模式的成功似乎需要满足以下 5 个条件。

结果必须是可验证的

"有效才付费"的成功必须是可衡量的、可验证的。可衡量的意义就是收益是有定量可查的：患者病情好转，可以通过红细胞数量的增长显示；豆茎的藤蔓确实长到天空。可验证的则让卖方可以定量地证明产品的效果。就像故事中所说的那样：跟随我，我将向您展示巨人的城堡。在定性业务中，"有效才付费"可能不是一个好的策略。例如，艺术品交易商往往会与艺术家以"有效才付费"的方式合作（通常是销售佣金的50%），但是"有效才付费"对买家不起作用。

即使可以清楚地衡量结果，也必须预先决定由谁来进行衡量。例如，之前提到的迪士尼与百视达的合作，在迪士尼称百视达没有遵守协议后被终止了。基于绩效定价的电影录像带租赁和销售合作成功数年之后，迪士尼于2002年起诉百视达，声称百视达早于协议日期就开始销售电影录像带，并且没有充分营销电影。百视达这些违背协议的行为让迪士尼公司损失了1.2亿美元的收入。[24] 衡量标准不明也许是按绩效付费在长期而复杂合作或无单一可量化结果时表现不佳的最大原因。

交易侧重于特定目标，而不是客户的整体成功

"有效才付费"如果涉及的项目范围有限，往往会更容易成功，例如房屋销售或新的IT系统安装，客户省了多少钱是可以量化的。卖方通常会确保自己承担的风险不会超出其控制范围。例如，涉及复杂机器或系统的协议中，维护一般会是重要的部分。

没有这个限制，开放式分担风险可能会导致问题。例如，在互联网

繁荣时期，许多律师和顾问将其服务换成所服务公司的股票，如果他们所提供咨询的公司成功了，这将是非常值钱的。可是在许多互联网公司倒闭之后（不一定是因为律师和顾问给出的错误建议），其中一些律师和顾问也随之失败了。互联网时期领先的旧金山律师事务所布罗贝克、弗莱格和哈里森律师事务所（Brobeck，Phleger & Harrison）就是其中之一。通常，企业律师事务所几乎是坚不可摧的。费用是持续支付的，虽然合作伙伴的薪水是可变成本（主要取决于个人的业绩），但业务下滑通常可以用缩小公司规模（一般是裁员和减少办公空间）来解决。[25]

然而，该律师事务所经常用股票代替现金作为费用。当市场创造了数十名一夜暴富的亿万富翁（这听起来或许是个好主意），但股票市场不振时，律师事务所也会跟着不行了。

失败不会破坏卖方

正如上文该律师事务所的案例说明的那样，对服务于相对集中的行业或单个客户的公司而言，基于绩效定价并不是一个好的模式。这也可能会导致一些复杂的收入确认问题，最终导致卖方的收益还没有卖方的会计师的收益多。[26] 有现金流问题的初创企业采用这种模式前要三思而后行。在这种情况下，前期定价和基于绩效定价相结合可能会更合适。

过度集中的投资组合也会给客户带来麻烦。卖方将太多筹码押在很少的交易上，就可能会遇到现金流问题。相比之下，具有基于绩效定价的广泛业务的供应商对客户来说可能更有利。广泛业务有助于确保卖方的业务稳定，而且，卖方作为第三方顾问，还能增加客户的价值。例如，同时处理多个案件的人身伤害律师通常认为，他们的案件对象与保险公司（在大多数伤害案件中是真正的被告）类似，所以与其让客户尝试自己进行谈判，他们能更容易、更客观地协商和解。

结果对双方都很有价值

协议的结果还必须引起客户极大的兴趣，并且结果的价值要远高于销售价格。

通常当买方对潜在收益有重大兴趣时，才会达成"有效才付费"交易。这种"游戏中的皮肤"很重要，因为以这种方式出售的大多数服务即使没有前期成本，要成功也需要用户提供一定程度的合作。共享未来收益能让双方都关心结果，而一开始便是终点的固定价格不能达到这个效果。

在房地产的例子里，芝加哥大学法学院院长索尔·列夫莫尔（Saul Levmore），研究了为什么中介要收 6% 的佣金，而不是简单地用他所称的"100% 的佣金"——如果房子超出一定价格卖出，就抽取所有超过价格的利润。他觉得这么做的原因是抽取百分比的佣金会让客户关心结果，而客户愿意合作对于销售价值的最大化至关重要。他认为："如果有 100% 的佣金，中介则会把房产维护、潜在买家看房时的原则等应由中介进行的合理行为都签订在合同里。"[27]

从对手到合作伙伴

说到底，"有效才付费"的定价模式是独一无二的，因为它将每笔交易都转变为合作关系。所有企业都依托于客户，但是基于绩效定价使这种关系更加清晰。用实力说话，使用"有效才付费"的定价模式的供应商就其服务的价值，以及它们的成功能对客户添加的价值发出强有力的声明。

实际上，基于绩效的定价变得如此令人信服，以至于它在"有效才付费"定价模式占据主导地位的行业中，开始挤压其他定价模式的生存空间。有时，当这种变化发生时，甚至在与其紧密相关的行业中也会产生连锁反应：即使广告业已经更多地采用了基于绩效的定价，习惯了从没有定量的广告模式中获利的老牌媒体公司仍在继续受苦。

也许，它们也需要重新开发自己的定价模式。从理论上讲，这是可以做到的。一个已经刊登了数十年的《华尔街日报》经典直邮广告的内容是一封信，它讲述了两个男人在毕业 20 年后相遇的故事。这个故事对比了一个从职业生涯开始就勤奋阅读《华尔街日报》的人和一个从来没有读过《华尔街日报》的人之间的差距。当然，这封信的寓意是，知识渊博的人会拥有更好的职业生涯——这意味着《华尔街日报》的订阅是一项宝贵的个人投资。

假设阅读《华尔街日报》确实如此有价值，那么对于更成功的读者来说，订阅它能得到多少价值？可能很多。但是，由于难以证明其价值而无法时光倒流不支付报纸订阅费，其他信息提供者也有类似的想法。例如，为什么不能以终身收入的 1% 而不是学费来支付高等教育（特别是专业教育通常回报率很高）的费用？

这样的计划将具有一些优势。（对沃顿商学院而言，他们能向沃伦·巴菲特为在那里度过的时光追讨学费！）不受成本和对教育贷款的恐惧所困扰，将会有更多的学生申请学校，从而创建一个更强大的学生群体。

学生将根据自己的兴趣和才能来选择学校、课程和职业，而不是出于还贷的压力。逐渐，那些从教育中获得更多金钱收益的人会支付更多的金钱来获得教育。由于大多数学位为学生创造了财务价值，大学教育的长期回报有望比短期的学费高得多。最终，学校将更有动力为优秀学生提供奖学金，他们希望广撒网，招到巴菲特或他的搭档比尔·盖茨（Bill Gates）这样的学生。他们甚至可能会付出更多的努力，阻止巴菲特和盖茨这样的学生转学或辍学。

唯一真正的困难是核实收入。如果可以核实收入——其实这只需要一点政府合作就可以做到——支付收入的1%的解决方案可能要优于以前一堆复杂的贷款。这也没有听起来那么遥不可及。美国各州和联邦政府基本上已经通过所得税法在儿童服务上这么做了。美国各州和联邦政府在这些未来纳税人的健康和教育方面进行的大量投资，在以后他们开始向税务系统付款时就会得到偿还。从某种意义上说，美国军人法案的历史就是体现"有效才付费"潜在价值的一个很好的例子。

未来，我们期望社会和技术的进步将使"有效才付费"更具吸引力。正如过去许多行业的某些定价策略源于技术进步一样（没有计算机，航空公司的收益管理就无法走得长远），"有效才付费"也会如此。

我们对"有效才付费"定价充满信心，因为它遵循了我们在本书中看到的趋势，这一趋势涵盖了药物、计算机和音乐等行业，从默认的行业定价惯例转向灵活的、有针对性的、以客户为导向的定价。

如今，越来越多的营销人员开始了解到，公司可以通过许多不同的方式对产品或服务进行定价，并且有些定价方式在特定的应用情况下比其他的方式要优异。总体而言，趁着买方疏忽而大肆掠夺的定价方式正在消失，而"有效才付费"这种将客户视为知识渊博的合作伙伴的定价方式正在得到发展。其中一些创新的定价方式，"有效才付费""自愿付费"，让我们在绕了一圈后，回归到市场上，回归到与每个客户讨价还价的方式。这种讨价还价的方式曾经与对话没有什么不同，但随着时间的流逝，其逐渐发展为现代大众市场销售的主要手段。随着监测药物和其他行业绩效的不断提高，可能越来越多的客户都不会支付相同的价格。他们将支付正确的价格——明智的价格。

参考文献

[1] Is Cost Containment Impacting Pharmaceutical Innovation? *Datamonitor* (September 3, 2008).

[2] Fulda, Thomas R., et al. Handbook of Pharmaceutical Public Policy (Informa Healthcare, 2007).

[3] Opportunity Knocks for Big Pharma as Credit Crunch Takes Ever Stronger Hold, *Pharma Marketletter* (October 13, 2008).

[4] Patterson, John. Can Big Pharma Produce the Next Generation of Medicines? *Pharmaceutical Technology* (August 8, 2008): 114.

[5] 同上。

[6] Kollewe, Julia. Drug Companies: Big Companies Besieged from All Sides, *The Guardian* (30 August 2008).

[7] Anderson, Pauline. Clozapine Comes with Money-Back Offer, *The Medical Post* (May 16, 1995).

[8] Moran, Nuala. UK Ponders Plan Promoting Payment Upon Performance, *BioWorld International* (June 6, 2007).

[9] 同上。

[10] Thomas Nagle, The Monitor Group. Money-Back Guarantee ... and Other Ways You Never Thought to Sell Drugs, *Pharmaceutical Executive* (April 2008).

[11] Interview with Stephen E. Gerard, TGaS Advisors. The Future Is Now: Consultant's Spotlight, *Pharmaceutical Executive* (November 2007).

[12] Patterson.

[13] *Datamonitor*.

[14] Zhang, Jane. Push to Compare Treatments Worries Drug, Device Makers.

[15] Thomas Nagle, The Monitor Group. Money-Back Guarantee, *Pharmaceutical Executive* (April 2008).

[16] Prasad, Shishir and Rajawat, K Yatish. TCS Takes the Lead in Result-Based Pricing, *Economic Times Mumbai* (September 28, 2006).

[17] Atchison, Duncan. Big Changes in Outsourcing, *Computing* (June 26, 2008).

[18] Pinto, Jim. Performance-Based Pricing, *Automation World* (May 2008).

[19] Shapiro, Benson. Performance-Based Pricing Is More Than Pricing, *Harvard Business School Working Knowledge* (February 25, 2002).

[20] Online advertising survey, PricewaterhouseCoopers and Interactive Advertising Bureau (March 2009): 14.

[21] Badal, Jaclyne. Consultant Lets Client Use 'Gut' to Set Final Fee, *Wall Street Journal* (August 21, 2006): B1.

[22] Inselbuch, Elihu. Tort Reform: A Reassessment and Reality Check, 64 Law & Contemporary Problems, Contingent Fees, and Tort Reform: A Reassessment and RealityCheck (Spring/Summer 2001): 175.

[23] Lenzner, Robert. The Vindication of Sumner Redstone, *Forbes* (June 15, 1998): 23.

[24] Disney Sues Blockbuster Over Contract, *New York Times* (January 4, 2003).

[25] Gross, Daniel. The Dot-Firm's Dot Bomb: How a Leading West Coast Law FirmKilled Itself, *Slate* (January 31, 2003).

[26] Shapiro: 3.

[27] Saul Levmore. Commissions and Conflicts in Agency Arrangements: Lawyers, Real Estate Brokers, Underwriters, and Other Agents' Rewards, *Journal of Law and Economics* (University of Chicago, April 1993): 517.

第 10 章

结　论

* * * * *

"定价是关键时刻——所有营销活动都围绕着定价决策展开。"

——雷蒙德·科里(E. Raymond Corey),《工业市场营销：案例与概念》(*Englewood Cliffs N.J.*：*Prentice Hall*, 1962 年)作者

对于农民而言，一年的收获取决于他在收割时的努力。出于这个原因，他早出晚归来收割所有谷物。对于企业而言，维持生存的收入全靠收割自己在市场上创造的价值。除了定价外，没有任何方法可以收割这些价值。这就是科里教授的"定价是关键时刻"这句话绝对正确的原因。确实，公司所做的一切都是为了这一关键时刻。

尽管如今的定价环境比科里教授所处的年代要艰难得多，但很多企业仍在继续忽视定价策略。新技术和全球化正以比以往更快的速度改变市场，并且模糊了许多行业的界限。几乎每个行业的竞争都愈发激烈，而且竞争的重点多数都是在价格上。消费者知道更多的价格信息，并且更为老练地运用这些信息。现在，最重要的是，全球金融危机似乎让无忧无虑的消费成了过去式。我们现在都是价值购物者。

也许是一种无助感，让很多公司无法更认真地处理定价。面对了解你的成本结构的客户，你如何讨价还价？当竞争对手想要将你的价格降低50%时，你会怎么做？

尽管这种新的定价环境极具挑战性，希望其实还是有的。我们认为，即使在这种环境下，企业的收获也大于损失。它们可以收集和处理更多的消费者信息，从而更好地了解顾客。它们可以使产品个性化，并以前所未有的方式提供个性化的客户体验。它们以较低的代价得到设定和调整价格的灵活性。确实，它们的客户似乎变得对跨地区跨时间的价格变化的容忍度更高，这为公司提供了尝试不同定价机制的自由。

就像本书所展示的那样，所有公司要取得成功，就需要以聪明并创新的方式来利用新功能。

在本书中，我们看到许多公司，无论规模大小、科技先进与否，都已学会了利用这些功能来创造优势。它们的经验表明，在这种环境下定价的关键可以总结为 3 个不同的要点：以顾客为本、差异化定价和智能定价指标。

以顾客为本

定价的时候，就像我们在营销中所做的其他事情一样，以顾客为本最为关键。想做到机智地定价，你首先必须知道你在和什么样的顾客打交道。如果 Radiohead 的粉丝缺乏了某种程度的忠诚和公平，那么"自愿付费"的定价是行不通的；如果孟加拉国的村民不像穆罕默德·尤努斯所了解的那般节俭和值得信赖，那么小额贷款就不会成为有效的定价机制并改变数百万人的生活；如果 Syms 不懂得受过教育的顾客对时尚的关注程度和等待降价的不耐烦程度，那么自动降价定价不会是明智的定价机制；如果 Priceline 不知道哪种类型的顾客在预订机票或酒店客房时对价格敏感，那么它就不能建立正确的筛选机制并吸引合适的顾客。

以顾客为本还代表你要了解顾客看重你的产品或服务的哪一点。如果你知道顾客看重什么，那么你就会知道为什么顾客会选择你；如果你知道原因，那么你就会知道如何为顾客创造更多的价值，以及如何向目标市场的不同细分群体传达产品价值。最重要的是，以顾客为本你就能知道如何为产品定价以获取这一价值的份额。谷歌认识到，搜索产品时顾客的注意力和点击率是广告客户想要的，所以它让广告商竞标关键字。制药公司认识到政府机构、保险公司和患者都看重药物的功效，所以一些企业已开始采用基于绩效的药物定价模式。

最后，以顾客为本意味着密切关注顾客的购买行为。了解顾客如何做出购买决定、购买的东西和地点以及购买的次数或频率，这些信息可以指导企业找到与顾客建立起盈利的长期关系的定价机制。金融服务公司密切关注顾客的盈利能力和钱包；制造和咨询公司更加关注顾客的解决方案；食品公司专注于顾客胃的大小。如果做对了，产品或服务将根植于强烈的顾客需求，从而为智能、创新的定价创造更多机会。亚马逊的订购省方案可用于重复购买日常百货，这就是一个很好的以顾客为本的例子。通过将顾客拉入定期重复购买的订购省方案中，亚马逊可以包容而不是破坏顾客的购买行为。我们相信，我们定期购买的许多必需品，如尿布、化妆品、男女卫生用品、汽油、新鲜蔬菜等产品中都会有更多这样的机会。

差异化定价

即使对于相同的产品或服务，不同的顾客也愿意支付不同的金额。服装、飞机票、酒店客房、食物、药品、软件……你能想出来的行业，都是如此。这是定价中最经久不衰的现象之一。因此，只有在较少情况下设置单一的价格才算是明智的选择。单一的价格通常会因交易失误而造成大量损失，或者放弃太多的获利销售，或者两者兼而有之。聪明的定价经理应该想一下中国的一个成语：狡兔三窟。在设计定价模式时设定低、中和高 3 个价格一般都会是不错的方法。这种定价模式可确保价格敏感度不同的顾客支付不同的价格，这样企业可以最大限度地在交易失误造成的损失和放弃的利润之间权衡。

在互联网兴起的头几年，许多人认为定价信息的获取更容易破坏差异化的定价。实际上，除了少数几个类别，信息技术实际上为企业创造了更多向不同顾客收取不同价格的机会。在本书中，我们看到了许多实现差异化定价的创新方法，也就是经济学家口中的价格歧视。"自愿付费"定价显然允许具有不同支付意愿的粉丝为下载音乐支付不同的价格。Syms 的自动降价定价创建了一种机制，可以向那些更在乎时尚、能支付更多钱的人收取更高的价格，向那些可以等待打折的人收取较低的价格。Priceline 的"自己定价"机制使公司甚至可以在对价格敏感的顾客中进行价格歧视，顾客可以根据个人情况和经济状况来出价。"有效才付费"也是一种优秀的价格歧视机制，因为就药物或任何产品而言，其效果对每个顾客来说都是不同的。当在一个行业中，明显的价格歧视行不通时，这可能就是一种变相的价格歧视。目标定价可能是价格歧视的最终工具，因为企业能利用它们对不同顾客的了解，针对顾客提供差异更细微的价格。

智能定价指标

我们从本书的许多案例中学到的最重要的经验就是，无论你要销售哪种产品或服务，都可以使用不同的定价指标以多种不同的方式设定价格。意识到能有多种方式为产品定价可以解放你的思想。例如，这本书的出版商可以将这本书以固定价格直接出售给读者；他可以以收取费用的方式将书"租借"给读者，或按章出售；他可以在线发布这本书，并根据阅读该书所花费的时间向读者收费；他还可以将这本书划为订阅服务的一部分，只要读者每月支付费用，读者就可免费阅读这本书和其他书籍；他甚至可以尝试"自愿付费"或"自己定价"的定价模式。即使是商业书籍这种常规产品，也存在许多定价的可能性。

当然，定价指标的选择将影响出版商的收入来源、读者类型、成本和盈利。定价的技巧在于通过仔细的研究做出明智的选择，而明智的选择常常是与产品价值驱动的关系最密切的。

创新的定价不适合胆小鬼。就像本书中的许多例子所说的那样，公司的明智选择经常需要打破长期以来的行业定价惯例。好消息是，成功的公司将为此获得回报。Radiohead绕开了音乐行业中的所有媒介，让用户自己设定价格，而不是遵循传统做法将价格强加给用户，他们显然也因此得到了多方面的回报。一些公司打破了价格战的禁忌，并利用价格战作为抢占市场和重组行业的有效营销策略进行竞争。分时度假屋和分时商务客机重新定义了传统的所有权概念——以份额及具体使用时间计算的所有权的价格，而不是非要固定的所有权的价格。在每个案例中，打破行业定价惯例不仅给许多创新者带来经济上的回报，而且还以显著的方式改变了各个行业。坏消息是，不良的定价指标会破坏产品价值，而且几乎比任何其他单一行为都更快。

最后，正确定价既是艺术，也是科学。像大多数商业行为一样，最佳的定价决策不仅基于理论，还基于经验和直觉。智能定价最终不仅需要深入的顾客知识和良好的经济直觉，还需要实际操作的经验。我们希望本书能帮助你对这 3 个方面都有所了解。

致 谢

中国有一句古语,要成为一名学者,必须读万卷书,行万里路。我们在很久以前就做到了。但是,直到最近几年,我们才意识到,我们如此感激撰写了万本书的学者们,我们应该贡献一本书来报恩。这10多年来,随着我们所讲授的定价课程越来越受欢迎,这种愿望就越来越强烈。在美国和其他国家,我们总共向4 000～5 000人讲授定价课程,受众包括本科生、工商管理硕士(Master of Business Administration,MBA)、高级管理人员工商管理硕士(Executive Master of Business Administration,EMBA)、专业定价人员和企业高管。

写这本书是我们挚爱的工作。在每一章中,我们都回想起那些教过我们的老师以及我们教过的学生。本书包含的大多数材料都源自以前的讨论,而这些讨论无疑促进了我们对这些问题的理解。因此,我们要感谢宾夕法尼亚大学沃顿商学院、华盛顿大学奥林商学院、哥伦比亚大学商学院、加州大学洛杉矶分校(University of California,Los Angeles,UCLA)、印度商学院(Indian School of Business,ISB)、中欧国际工商学院(China Europe International Business School,CEIBS)和长江商学院(Cheung Kong Graduate School of Business,CKGSB)。我们希望他们仍然对定价领域充满热情，并且能在本书中认出他们在课堂上所提出的一些见解。

多年来，我们的主要研究领域是定价领域，并且还与许多一流学者合作。他们的影响力也被反映在本书的内容中。我们要感谢他们与我们合作，正是与他们的合作丰富了我们对定价的认知。他们肯定会在书中找到他们对我们在个人和专业上的影响。对于那些由于本书而推迟与我们合作的学者，我们还要感谢他们在我们写书时对我们的包容。事实证明，写这本书要花费比我们预期更多的精力和时间！

我们也要感谢沃顿商学院的同事们给我们营造了令人深受启发和备受关怀的知识环境。在他们的鼓励下，我们对定价的兴趣旺盛。最重要的是，我们要感谢鼓励我们写这本书的杰里·温德（Jerry Wind），他是著名的营销学者，也是沃顿商学院出版社（Wharton School Publishing）的第一任主编。杰里一直给予我们灵感和支持，他慷慨地向我们提供新的想法，并且鼓励我们去实现他所说的"不可能的想法"。我们当然竭尽所能，但我们不认为这本书满足了他的高期望。

我们还要感谢培生教育出版集团（Pearson Education Group）的编辑蒂姆·穆尔（Tim Moore）和珍妮·格拉瑟（Jeanne Glasser）给出的专业建议，以及他们对我们的耐心配合。同样，我们也对沃顿商学院出版社的新主编史蒂夫·科布林（Steve Kobrin）表示感谢。

在编写本书时，我们很早就意识到为商务读者写书与撰写学术研究论文非常不同。因此，我们对贝内特·沃伊尔斯（Bennett Voyles）非常感激，因为他把自己的专业研究成果和写作专长传授给了我们。他是一位了不起的作家，在许多商业领域都有渊博的知识，并且是一位乐于助人的好伙伴。我们对他在我们编写本书时所给予的协助深表感谢。

最后，我们要感谢我们各自的家人。我们在撰写本书的过程中错过了家庭活动、学校活动和周末比赛，他们对我们表示理解。我们感谢他们为这本书做出的贡献。我们把这本书献给他们。